2015年度教育部人文社会科学研究青年基金项目"高中学生对学习内容的偏差认知研究——以信息技术学科为例"（项目编号：15YJC880085）

中央高校基本科研业务费专项资金资助课题"'互联网+'环境下的理解性学习与认知研究"（项目编号：2017JDZD07）

高中学生
信息技术概念转变

诊断、机制与策略

王靖 ◎ 著

中国社会科学出版社

图书在版编目（CIP）数据

高中学生信息技术概念转变：诊断、机制与策略/王靖
著 . —北京：中国社会科学出版社，2017.10
ISBN 978 - 7 - 5203 - 1232 - 5

Ⅰ.①高…　Ⅱ.①王…　Ⅲ.①计算机课—教学研究—高
中　Ⅳ.①G633.672

中国版本图书馆 CIP 数据核字（2017）第 254499 号

出 版 人	赵剑英
责任编辑	刘晓红
责任校对	周晓东
责任印制	戴　宽

出　　版	中国社会科学出版社
社　　址	北京鼓楼西大街甲 158 号
邮　　编	100720
网　　址	http：//www.csspw.cn
发 行 部	010 - 84083685
门 市 部	010 - 84029450
经　　销	新华书店及其他书店

印刷装订	北京君升印刷有限公司
版　　次	2017 年 10 月第 1 版
印　　次	2017 年 10 月第 1 次印刷

开　　本	710×1000　1/16
印　　张	13.75
插　　页	2
字　　数	202 千字
定　　价	59.00 元

凡购买中国社会科学出版社图书，如有质量问题请与本社营销中心联系调换
电话：010 - 84083683

目　录

绪　论

一　一种学习理解：学习是概念的转变

对于学生的学习，Jonassen 指出，近几十年来，受到认知—建构主义、情境学习理论等影响，很多研究者将注意力转向了和学习的意义性相关的那些领域。[①] Mayer 认为，概念转变是形成有意义的学习的内在机制。[②] 这或许能够解释，为何在种种对于"学习"的理解中，"学习是概念的转变"是众多研究者颇感兴趣的。[③]

19 世纪 60 年代，由于科学技术的发展，西方的古典教育受到现代教育的冲击，科学课程逐渐在学校课程中取得了合法的地位。进入20 世纪以后，我国的科学教育飞速发展，科学课程也以分科、综合两种形态在各个学段开设。[④] 在各国科学教育的发展过程中，人们逐渐意识到，课堂教学之前，学生对于即将学习的内容，头脑并不是空白的，在科学学习过程中，学生也并不是被动地、毫无选择性地接受外部呈献给他们的任何事物，而是在原有的、相关概念的基础上，对新

---

① Jonassen D. , Strobel J. , Gottdenker J. , "Model Building for Conceptual Change", *Interactive Learning Environments*, 2005, 13（1－2）：15－37.

② Mayer R. E. , Understanding Conceptual Change：A Commentary. In：Limon M, Mason L, eds. Reconsidering Conceptual Change：Issues in Theory and Practice, Dordrecht/Boston/London：Kluwer Academic Publishers, 2002：101－114.

③ Jonassen D. :《用于概念转变的思维工具——技术支持的思维建模》（第三版），顾小清等译，华东师范大学出版社 2008 年版。

④ 蔡铁权、姜旭英、胡玫:《概念转变的科学教学》，教育科学出版社 2009 年版。

的内容进行解读。这一现象引发了 20 世纪 70 年代的迷思概念运动，成为现代概念转变研究的起点。① 概念转变研究发展至今，虽然时间不长，但是研究成果辈出。然而同时，以往的概念转变研究大多是基于传统的分科形态或综合形态的科学课程，对于信息技术及其相关学科的概念转变的研究并不多见。

如果事实如 Mayer 所说，概念转变是形成有意义的学习的内在机制，那么要对高中学生的信息技术学习进行研究，概念转变就成为一个合理的视角。由此，本书中的研究（以下简称本研究）选取概念转变作为研究视角，是在"学习是概念的转变"这种对于"学习"的理解的指引下，对"高中学生的信息技术学习"这一话题的初步探索。

二　一个现实问题：信息技术前概念的存在

Susan 等在《学生是如何学习的——课堂中的科学》一书中写道："学生的任何学习都是在他们的前概念基础上发生的。在教学中，如果对他们所拥有的前概念没有充分考虑的话……或许他们为了考试能够记住这些新知识，但考完以后又回到了原来的概念。"②

对于高中信息技术学科中的一些内容，学生是否存在前概念？带着这样的问题，同时也为了确定本研究的可行性，在正式开始本研究之前，笔者先后进行了两项预研究。

在第一项研究中，笔者以高中信息技术中的 8 个知识点为例，对还没有学习这些知识点的 125 位高中学生、学习了这些知识点之后的 137 位高中学生进行了调查。调查结果显示，课堂教学之前，学生对信号存储、模数转换、算法、网络拓扑结构等 8 个知识点，均存在多

---

① 高文等：《学习科学的关键词》，华东师范大学出版社 2008 年版。

② Donovan M. S. , Bransford J. D. :《学生是如何学习的——课堂中的科学》，宋时春译，广西师范大学出版社 2011 年版。

种类型的不科学的前概念。课堂教学之后，这些不科学的前概念仍然存在。

在第二项研究中，笔者又以"汉字的处理"及"计算机病毒"两个学习单元为例，开展了"高中信息技术学习之前的认知状况调查"。调查结果显示，课堂教学之前，学生对日常生活中不太熟悉的内容，主要存在三种类型的前概念，对日常生活中较为熟悉的内容，主要存在两种类型的前概念。[①]

可以看出，对于高中信息技术学科中的一些内容，学生是存在前概念的。换言之，信息技术学科面临的一个现实问题是：信息技术前概念的存在。由此，在对高中学生的信息技术学习进行研究时，选取概念转变作为研究视角，是可行的。

综上，由一种对于"学习"的理解出发，本书得出了在对高中学生的信息技术学习进行研究时，选取概念转变作为研究视角的合理性。在此基础上，笔者进行了两项预研究，发现了一个现实问题，从而确定了本研究的可行性。

三　本书的核心研究问题

基于以上研究背景，本书围绕"概念转变"这一核心内容，试图解决三个方面的问题。

第一，高中学生信息技术前概念及其学后变化。具体来说，包括两个子问题：对于高中信息技术学科中，本书涉及的五个学习单元的内容（对于此，笔者将在后文进行详细的阐述），学生存在哪些前概念？课堂教学之后，这些前概念发生了什么变化？

第二，高中学生信息技术概念类型及结构。具体来说，包括两个子问题：对于高中信息技术学科，学生头脑中的概念有哪些类型？学

---

① 王靖、董玉琦：《高中信息技术学习之前的认知状况调查——基于 CTCL 的信息技术学科学习心理研究（1）》，《远程教育杂志》2012 年第 5 期。

生概念图是体系化的还是碎片化的？

第三，促进高中学生信息技术概念转变的教学策略。即对于高中信息技术学科中，学生存在的前概念，如何设计促进概念转变的教学策略？

第一章 研究综述

发端于 20 世纪 70 年代的现代概念转变研究，虽然时间不长，但是研究成果辈出。本章从概念转变的理论及分支研究、概念转变的研究方法、概念转变的学科领域三个层面，对以往的研究进行综述，旨在对概念转变研究的历史、现状脉络进行详细的梳理、评述。在此基础上，阐述本书立足于文献综述，对以往的概念转变研究所做的尝试性改进与发展。

对于信息技术及其相关学科的概念转变的研究并不多见，故将其放在"概念转变的学科领域"这一部分中进行阐述。在进行详细的文献梳理之前，首先对本书中几个需要澄清的术语进行说明。

一 相关术语说明

（一）概念

《心理学大辞典》将"概念"界定为："概念是人脑反映客观事物本质特性的思维形式。"[①] 与之相似的界定，如概念是指具有共同特征（关键属性）的物体、符号或事件的标记系统。[②] 但是，概念转变研究中的"概念"比上述界定要宽泛得多，它是指对于某种对象的观点、看法。很多概念转变研究者专门在自己的研究中着重强调这一

---

① 黄希庭、杨治良、林崇德：《心理学大辞典》，上海教育出版社 2003 年版。

② Schunk D. H.：《学习理论：教育的视角》，韦小满等译，江苏教育出版社 2004 年版。

点，甚至有些直接声明，概念转变中的"概念"，不是特定学科中的具体概念，没有必要严格按照字面意思去理解。[①]

本书和众多概念转变研究者的理解一样，将"概念"视为学生对于一些内容的观点、看法。

（二）前概念

对于"前概念"，不同研究者分别结合自己的研究，使用了大量不同的术语。[②] 这些术语反映出研究内容的不同侧重，但它们基本包含了一些共同的含义。

例如，Driver 等使用"另有框架"这一术语，将其界定为：学生在教学前，对于它们头脑中的世界的描述与解释。[③] Eaton 等对"迷思概念"作了如下界定：学生自出生便会观察各种自然现象，他们运用自己的语言来描述他们所看见的现象，然而儿童对于自然现象的解释常与科学家有所不同，如果这种解释无法被科学家认同，则称之为迷思概念。[④] 细谷纯则认为：学生可以将之前获得的知识经验内化为"规则体系"，并主动地运用它们解释各种问题。然而，事实上，多数时候，这些规则体系并不能很好地去解决学生所面对的问题，而这种内化"规则体系"相对于能够正确解决问题的"规则体系"而言，被称为"素朴概念"。[⑤]

本书使用"前概念"这一术语，用以指代课堂教学之前，对于即将学习的内容存在的观点、看法。值得一提的是，和"迷思概念"等有所区别，在本书中，这些观点、看法可能是科学的，也可能是不科学的。

（三）概念转变

与"前概念"相应，研究者通常将对已有的知识的主要重构称为

① 高文等：《学习科学的关键词》，华东师范大学出版社 2008 年版。

② Wandersee J. H., Mintzes J. J., Novak J. D., "Research on Alternative Conceptions in Science", *Journal of Biological Education*, 2001（3）：177 – 210.

③ Driver R., Easley J., "Pupils and Paradigms: A Review of Literature Related to Concept Development in Adolescent Science Students", *Studies in Science Education*, 1978（5）：62 – 84.

④ 黄玉菁：《以纸笔测验探讨高二学生粒子迷思概念》，硕士学位论文，台湾师范大学，2003 年。

⑤ 细谷纯：《教科学习の心理学》，东北大学出版会 2001 年版。

"概念转变"。[①] 例如，Keil 提出：概念转变是概念结构随着时间发生的变化，包括结构本身的变化，和结构使用方式的变化。[②] 我国研究者张建伟则认为：概念转变指个体原有的某种知识经验由于受到与此不一致的新经验的影响而发生的重大改变。[③]

本书对于"概念转变"这一术语，理解为两种含义：第一种是过程性的：课堂教学前后，前概念发生的变化。在这种理解中，前概念可能是由非科学的转变为科学的，也可能是由非科学的转变为另一种非科学的，还可能是由科学的转变为非科学的。第二种是目标性的：课堂教学之后，那些非科学的前概念转变为科学的概念。

对于以上术语，本书除了在介绍他人研究时，尊重原著的术语使用风格，其余部分，均采用上述词汇、含义。

二　概念转变的理论及分支研究

概念转变的理论经历了由单一视角到多元视角的发展，Posner 等基于认识论的概念转变模型，Chi、Thagard 等基于本体论的本体论树，Vosniadou 基于儿童朴素理论的理论结构等，均为单一视角概念转变理论的代表。Pintrich 等对种种理性的"冷"概念转变的反思，为概念转变的理论由单一视角到多元视角提供了很好的过渡基础。而 Tyson 等多维课堂概念转变框架的提出，则正式揭开了概念转变的理论视角整合与多元的一页。

此外，在概念转变理论的发展过程中，产生了一些引申研究，如对概念状态的研究、对概念生态的研究、对概念转变的教学策略的研究等，这些研究越来越受到重视，逐渐成为概念转变研究领域中的独

①　Schnotz W., Vosniadou S., Carretero N., *New Perspectives on Conceptual Change*, New York：Elsevier Science Ltd., 1999：263.

②　Keil F. C., Conceptual Change. In：Wilson R A, Keil F C, eds. The MIT Encylopedia of the Cognitive Sciences, London：MIT Press, 1999：179－182.

③　张建伟：《概念转变模型及其发展》，《心理学动态》1998 年第 3 期。

立分支。

（一）概念转变的理论

1982 年，美国 Posner、Strike 等结合对 Kuhn 科学革命论、Piaget 认知发展理论的思索，提出了概念转变模型（Conceptual Change Model，CCM），拉开了基于单一视角的概念转变理论的序幕。[1]

该模型的提出基于认识论。所谓认识论，即人类认识的本质、结构，认识与客观实在的关系，认识的前提和基础，认识发生、发展的过程及其规律，认识的真理标准等。具体来说，其理论基础主要为 Kuhn 科学革命论、Piaget 认知发展理论。与科学革命中，由新范式来替代已不能立足的常规范式的过程类似，该模型将概念转变界定为：核心、组织化的概念由一套概念系统转变为另一套不兼容概念系统的过程。[2] 此外，在 Piaget 认知发展理论中，"平衡"是一个较为重要的概念，同化和顺应则是实现平衡的两种机制。该模型基于此，将概念转变分为同化和顺应两种类型，而后者才是根本的概念转变。并将"对原有概念不满"作为激发认知"不平衡"，亦即认知冲突，从而进一步引发顺应类型的概念转变的必要前提。由此，顺应的发生，通常应具备四个条件：对原有概念的不满（dissatisfaction）、新概念的可理解性（intelligibility）、新概念的合理性（plausibility）、新概念的丰富性（fruitfulness）。[3] 很多文献在提及该模型的时候，都会列出上述四个条件，但对它们的内涵进行详细阐述的则不多。笔者依据原文文献，对这四条内容进行详细的解释。

使学生对自身原有的概念产生不满的一个主要手段是反例的呈现，但反例只有在满足了以下条件时，才能引起学生对原有概念的不满：学生理解眼前的新发现为什么代表了一个反例；学生认为有必要

---

[1] Posner G. J., Strike K. A., Hewson P. W., et al., "Accommodation of a Scientific Conception: Toward a Theory of Conceptual Change", *Science Education*, 1982, 66 (2): 211 – 227.

[2] 吴娴、罗星凯、辛涛：《概念转变理论及其发展述评》，《心理科学进展》2008 年第 6 期。

[3] Posner G. J., Strike K. A., Hewson P. W., et al., "Accommodation of a Scientific Conception: Toward a Theory of Conceptual Change", *Science Education*, 1982, 66 (2): 211 – 227.

将眼前的新发现与它们原有的概念统一起来；学生致力于缩减眼前的新发现与它们原有概念的不一致之处；学生试图进行的对眼前的新发现的同化是无效的。对于学生来说，新概念是可理解的，意味着学生理解新概念的表达方式，包括句子成分、符合及语法；学生能够对新概念所表达的意思进行完整、连贯的陈述，即将新概念内化，用自己的方式进行表达；学生对新概念的把握是整体的，而非断章取义。新概念是合理的，意味着学生认为新概念与自己的原有哲学观、认识论是一致的；学生认为新概念与其他理论及知识是一致的；新概念与学生的原有经验一致；学生认为利用新概念能解决他们所关注的问题。新概念是丰富的，意味着新概念不仅仅可以解释学生眼前的反例，而且还能给学生提供新视野和新发现。①

除了概念转变的四种方式，Posner 等还借用"概念生态"（conceptual ecology）一词，将其用作学生概念形成的环境。概念生态中，以下类型的概念对于顺应的发生至关重要：反例（anomalies）、类比或隐喻（analogies and metaphors）、认识论的认同（epistemological commitments）、形而上学的信念与概念（metaphysical beliefs and concepts）、其他知识（other knowledge）。② 在这之后，概念生态的研究逐渐成为一个独立的分支，对于此，笔者将在后文进行详细的阐述。

这一基于认识论的概念转变模型一经提出，便引起了概念转变领域乃至科学教育领域的强烈反应，被大量研究者作为理论框架，同时，也有研究者对其过于重视学习的理性方面提出了批评。针对这些批评，Strike 和 Posner 在 1992 年对原概念转变模型进行了修改，扩大了概念生态的构成要素，指出迷思概念不一定是先前存在的，有可能是在教学过程中产生的，且概念生态是动态的、不断发展的。③

---

① Posner G. J., Strike K. A., Hewson P. W., et al., "Accommodation of a Scientific Conception: Toward a Theory of Conceptual Change", *Science Education*, 1982, 66（2）: 211 - 227.

② Ibid.

③ Strike K. A., Posner G. J., A Revisionist Theory of Conceptual Change. In Duschl R, Hamilton R, eds. Philosophy of Science, Cognitive Science, and Educational Theory and Practice. Albany, New York: SUNY Press, 1992: 147 - 174.

1992 年，Chi 提出世界上物理实体的三种基本本体论类别（three basic ontologically categories of physical entities），亦称为本体论树。[①] 1994 年，Chi 等对这三种类别进行了扩充和修改，指出这三种类别为物质（matter）、过程（processes）、心智状态（mental states）。[②] 世界上物理实体的三种基本本体论类别如图 1 - 1 所示。

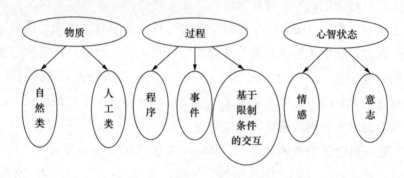

图 1 - 1　世界上物理实体的三种基本本体论类别

基于这三种本体论类别，Chi 区分了两种概念转变类型：本体论类别内的普通的概念转变（a gradual conceptual change within an ontological category）、本体论类别间的根本的概念转变（a radical conceptual change across ontological categories）。[③] 学生在日常生活中，对物质性概念更为熟悉，而在学习科学概念时，通常遇到的都是过程性概念，诸如力、电、光、热等。学生却本能地将其视为物质性概念，并将物质的一些属性赋予它们，从而产生了迷思概念。[④] 此外，Chi 等指出，

① Chi M. T. H., Conceptual Change across Ontological Categories: Examples from Learning and Discovery in Science. In Giere F. Cognitive Models of Science: Minnesota Studies in the Philosophy of Science, Minneapolis: University of Minnesota Press, 1992: 129 - 160.

② Chi M. T. H., Slotta J. D., Leeuw N., "From Things to Processes: a Theory of Conceptual Change for Learning Science Concepts", *Learning and Instruction*, 1994 (4): 27 - 43.

③ Chi M. T. H., Conceptual Change across Ontological Categories: Examples from Learning and Discovery in Science. In Giere F. Cognitive Models of Science: Minnesota Studies in the Philosophy of Science, Minneapolis: University of Minnesota Press, 1992: 129 - 160.

④ Chi M. T. H., Treagust D. F., "Conceptual Change in Learning Genetics: an Ontological perspective", *Research in Science & Technological Education*, 2004, 22 (2): 185 - 202.

科学学习中的概念转变，通常需要学生进行本体论类别间的、根本的概念转变，因此较为困难。①

Chi 认为，事实上，学生通常不会完全放弃原来的归类方式，而是会增加一种新的归类方式。也就是将事物同时归到了原本并不相容的两棵本体论树中，因此概念转变并没有真正发生。同样，在科学革命中，一种新的范式取代了常规范式的过程，并不意味着发生了本体论类别间的、根本的概念转变。②

Thagard 在 1992 年提出了和 Chi 相似的概念转变理论——概念革命理论，认为概念转变分为树间转换（tree switching）和分支跳跃（branching jumping）两种类型，前者是种类关系（kind - relations）的改变，后者是部分关系（part - relations）的改变。并提出了概念转变的九个阶层：增加（减少）新的例子、增加（减少）弱原则、增加（减少）强原则、增加（减少）新的部分关系、增加（减少）新的种类关系、增加（减少）新概念、瓦解部分种类的阶层、分支跳跃、树间转换。其中，前三个阶层只是简单的信念的转变，而后六个阶层才是逐渐强烈的概念的转变。③

Thagard 进一步指出，虽然一般学习往往不是简单的信念的转变，但也不会像分支跳跃那样系统、彻底。这和 Chi 的看法异曲同工。④

与 Chi 和 Thagard 的观点不同，DiSessa 认为，儿童的思维并不像他们所说的那样如此成体系，而是由零散的碎片组成的，因此，不能用一个系统的分类原理来衡量。⑤

Vosniadou 认为，儿童的概念根植于他们头脑中更大的理论结构

① Chi M. T. H., Conceptual Change across Ontological Categories: Examples from Learning and Discovery in Science. In Giere F. Cognitive Models of Science: Minnesota Studies in the Philosophy of Science, Minneapolis: University of Minnesota Press, 1992: 129 - 160.

② Chi M. T. H., Treagust D. F., "Conceptual Change in Learning Genetics: an Ontological perspective", *Research in Science & Technological Education*, 2004, 22 (2): 185 - 202.

③ Thagard P., Conceptual Revolutions, Princeton, NJ: Princeton University Press, 1992: 6 - 8.

④ Ibid.

⑤ DiSessa A., "Towards an Epistemology of Physics", *Cognition and Instruction*, 1993 (10): 105 - 225.

（theoretical structures）之中，这种理论结构包括：具体理论（specific theories）和朴素框架理论（naive framework theory）。具体理论指的是儿童头脑中的特定概念领域（如物理）的内部结构，随具体情境而变化。朴素框架理论则提供了儿童最本真的本体论和认识论前提。当学生在包含错误的本体论和认识论前提的框架理论下吸收新的信息，将会导致不科学的前概念。①

同时，Vosniadou 指出，概念转变与理论结构的拓展和变化有关，分为两类：一是"丰富"（enrichment），在原有的理论结构下吸收新信息；二是"修正"（revision），理论结构的转变。具体理论较易改变，朴素框架理论则较难改变。②

Pintrich 等在 1993 年提出，以往的概念转变的研究过于"冷"，过于理性，忽视了活生生的课堂教学中的其他因素，如学生的动机对概念转变的影响。③ 因此，在他的研究中，着重考察了构成动机的四种因素：目标、价值、自我效能、控制信念对概念转变的影响，以及课堂教学中，对概念转变产生影响的其他因素。研究结果显示，课堂教学中的任务结构、权威结构、评价结构、课堂管理、教师的示范、教师的支架作用都是概念转变的可能影响因素。④

在 Pintrich 研究的影响下，一些研究者纷纷提出了自己的"暖"概念转变模型，如 Dole 等的知识认知重构模型（Cognitive Reconstruction of Knowledge Model，CRKM），⑤ 格雷瓜尔（Gregoire M.）的认知—情感的概念重构模型（Cognitive Affective Model of Conceptual

---

① Vosniadou S. ， "Capturing and Modeling the Process of Conceptual Change"，*Learning and Instruction*, 1994（4）：45 – 69.

② Ibid.

③ Pintrich P. R. ， Marx R. W. ， Boyle R. B. ， "Beyond Cold Conceptual Change: The Role of Motivational Beliefs and Classroom Contextual Factors in the Process of Conceptual Change"，*Review of Educational Research*, 1993（63）：167 – 199.

④ 韩宝娟：《中学化学概念转变教学研究》，硕士学位论文，山东师范大学，2004 年。

⑤ Dole J. A. ， Sinatra G. M. ， "Reconceptualizing Change in the Cognitive Construction of Knowledge"，*Educational Psychologist*, 1998, 33（2 – 3）：109 – 128.

Change，CAMCC）。①

Tyson 等 1997 年在其文章中指出，前人对于概念转变的研究，大都基于单一的视角，这样得出的关于概念转变的观点往往过于狭隘，而如果将多种视角整合起来看待概念转变，可能会更好地解释学习中的情境。因此，他们提出了多维课堂概念转变框架（multidimensional framework for interpreting conceptual change）。该框架整合了本体论、认识论及社会情感因素，并通过实证，验证了采用多种视角解释概念转变的合理性。②

综上所述，概念转变的理论经历了由单一视角到多元视角的发展，期间产出了大量著名的理论成果。同时，可以看出，尽管概念转变的理论日渐丰富，其重心也在不断变化，但是这些理论均没有忽略的问题之一是：概念转变的机制。而从这些理论解释该问题的方式来看，"概念结构"似乎是可行的突破口之一。对于概念结构，如前所述，Vosniadou 从儿童朴素理论出发去解释概念转变的机制。儿童朴素理论认为，儿童在早期的时候，就会对某一领域的理解发生一致的变化，而且对于不同的领域，儿童有着不同的理解和解释机制。这些早期获得的、对自己和周围环境的非正式、非科学的朴素理论，是儿童用以解释周围环境的知识框架和基础结构。③ 这种知识框架和基础结构的存在，似乎意味着，由儿童头脑中的概念构成的图形，至少是部分体系化的，这种观点在 Chi 和 Thagard 的理论中也能得到部分印证。但是 DiSessa 则认为，学生头脑中的概念并不像上述研究者所说的那样能构成体系，而是像零星的碎片。那么，学生概念图是体系化的还是碎片化的？这是概念转变的理论研究需要进一步探索的话题。本书在高中信息技术学科范围内，对该话题进行讨论，同时，在本书

---

① Gregoire M. ，"Is it a Challenge or a Threat? A Dual－Process Model of Teachers' Cognition and Appraisal Process During Conceptual Change"，*Educational Psychology Review*，2003，15（2）：117－155.

② Tyson L. M.，Venville G. J.，Harrison A. L.，et al.，"A Multidimensional Framework for Interpreting Conceptual Change Events in the Classroom"，*Science Education*，1997（81）：387－404.

③ 张丽锦、万富熹、杨小冬：《学前儿童朴素生物学理论及其获得机制》，《心理科学进展》2004 年第 3 期。

中，和概念结构密切相关的是概念类型，不同的概念类型有不同的结构特征。这就对应了本书第二个方面的研究问题：高中学生信息技术概念类型及结构。

（二）概念转变的分支研究

在概念转变理论的发展过程中，有些原本属于从属地位的研究，逐渐引起了越来越多的研究者的重视，发展成为独立的研究分支，其中主要包括了对概念的状态的研究，对概念生态的研究，对概念转变的教学策略的研究等。

Hewson 在 1981 年撰文，把概念的可理解性、概念的合理性、概念的丰富性称为概念的状态（status of conceptions）。其中，概念的可理解性是低端状态，概念的丰富性是高端状态。概念的转变，即为学生原有的概念状态不断降低，新的概念状态不断上升的过程。[1] 对于概念的可理解性、合理性及丰富性的内涵，笔者在前文已经进行了详细的阐述，此处不再赘述。

基于概念的状态的内涵，Thorley 在 1990 年开发了学生的概念状态的评价工具，对概念的可理解性、概念的合理性、概念的丰富性均赋予了详细的评价标准，该工具使对学生的概念状态的评价变得具有可操作性。[2]

"概念生态"这一说法是 Posner 等借用了 Toulmin 的"知识生态"一说提出的。Toulmin 认为，个体与环境的交互作用催生了知识的发展，这种环境叫作知识生态。[3] 借用这种说法，Posner 等将概念生态用作学生概念形成的环境，认为其会影响学生概念转变的发生。[4] 如

---

[1] Hewson P. W. , "A Conceptual Change Approach to Learning Science", *European Journal of Science Education*, 1981, 3 (4): 383 – 396.

[2] Hewson P. W. , Lemberger J. , Status as the Hallmark of Conceptual Change. In: Millar R. , Leach J, , Osborne J, , eds. Improving Science Education: The Contribution of Research, UK: Open University, 2000: 110 – 125.

[3] 吴復中、林陈涌：《概念生态对国中学生"呼吸作用"概念发展的影响》，http://www. nknu. edu. tw/~gise/17years/D42. doc, 2001 – 07 – 18。

[4] Posner G. J. , Strike K. A. , Hewson P. W. , et al. , "Accommodation of a Scientific Conception: Toward a Theory of Conceptual Change", *Science Education*, 1982, 66 (2): 211 – 227.

前所述，在概念生态中，以下类型的概念对于顺应的发生至关重要：反例、类比或隐喻、认识论的认同、形而上学的信念与概念、其他知识。具体来说，反例会促进学生对原有概念的不满；类比或隐喻能够促进学生对于新概念的理解，即增强新概念的可理解性；认识论的认同包括了两种：第一种是在特定领域内，人们对于这个领域相关的知识好与坏的认识观，第二种是不基于特定领域的，普遍的对于知识好与坏的认识观；形而上学的信念与概念是对于宇宙的秩序、对称与非随机性的信念，这些信念通常影响到新概念的接受或者丢弃；其他知识包括其他领域的知识与竞争性概念。

研究者对于概念生态关注的焦点在其构成要素上。例如，我国台湾地区研究者吴復中、林陈涌认为，教学中的概念生态包括内在概念生态和教学概念生态两种。这两种生态都包括了认知部分、哲学部分和情意部分。内在概念生态的认知部分包括语意知识、经验知识、反例、类比和隐喻、图像；哲学部分包括学生的认识论的认同、形而上学的信念与概念；对于情意部分，研究者没有给出明确的解释。教学概念生态的认知部分包括类比和隐喻、图形、先前知识、另有概念、反例、科学逻辑陈述；哲学部分包括认识论的认同、哲学上的信念；情意部分包括科学的历史背景、社会与应用、范例。[①]

概念转变根植于研究者对科学教育的探索，对概念转变教学策略的研究，成为了概念转变研究领域的一个重要分支。研究者提出了很多经典的概念转变教学策略模型。如 Driver 等提出的 DO 五步教学策略模型，[②] Nussbaum 等提出的 NN 三步教学策略模型等。[③] 这些策略的提出，大部分是基于认知冲突，即个人意识到自身的认知结构与环

　　① 吴復中、林陈涌：《概念生态对国中学生"呼吸作用"概念发展的影响》，http：// www. nknu. edu. tw/ ~ gise/17years/D42. doc，2001 - 07 - 18。

　　② Driver R.，Oldham V.，"A Constructivist Approach to Curriculum Development in Science"，*Studies in Science Education*，1986，13：105 - 122.

　　③ Nussbaum J.，Novick N.，"Alternative Frameworks, Conceptual Conflict, and Accommodation: Toward a Principled Teaching Strategy"，*Instructional Science*，1982，11（3）：183 - 200.

境不一致，或者自身的认知结构内部不一致。[1] 但认知冲突是否意味着对新概念的接受？针对这一点，有研究者对这种旨在提供认知冲突的策略提出疑问。赵军燕和俞国良对儿童面对异常信息时的评估方式进行了分析，认为产生认知冲突，并不意味着概念转变一定发生，只能说明儿童意识到了自己的认知与环境的不一致。[2] Zohar 等也提出，即使向学生呈现了与他们的认知不一致的信息，他们也不一定能识别出这些信息，进而产生认知冲突。[3]

我国台湾地区研究者佘晓清也认为，对于学生来说，呈现与他们的认知不一致的事物，并不意味着学生就会产生认知冲突，即使产生了认知冲突，学生也不一定能发生概念的转变。[4] 佘晓清总结前人的研究，认为经过精心挑选的差异事件（discrepant events），即经过精心设计的"不一致"，才会引发学生的认知冲突，激发学生对原有认知模型的不满，还会鼓励他们超越原有的认知模型。[5]

此外，佘晓清还对迁移理论进行了研究。Sternberg 等提出了学习迁移的四种机制：编码特异性、组织、辨别、心向供应，在发生学习迁移时，信息能否被检索到，取决于其被编码的方式；检索是否发生取决于信息在记忆中是如何被组织起来的；辨别决定的是学生判断一项信息是否与当前遇到的情境有关，心向供应是指：对于一种任务或情境的看法是否对另一种任务或情境也合适。迁移是否发生部分取决

---

① Lee G. , Kwon J. , What do We Know about Students' Cognitive Conflict in Science Class-room: A Theoretical Model of Cognitive Conflict Process. In: Proceedings of the Annual Meeting of the Association for the Education of Teachers in Science. Costa Mesa, CA, 2001.

② 赵军燕、俞国良:《儿童概念转换中的信息评估》,《心理科学》2009 年第 5 期。

③ Zohar A. , Aharon K. S. , "Exploring the Effects of Cognitive Conflict and Direct Teaching for Students of Different Academic Levels", *Journal of Research in Science Teaching*, 2005, 42: 829 – 855.

④ She H. C. , "Facilitating Changes in Ninth Grade Students' Understanding of Dissolution and Diffusion through DSLM Instruction", *Research in Science Education*, 2004 (34): 503 – 525.

⑤ She H. C. , "Fostering 'Radical' Conceptual Change through Dual Situated Learning Model", *Journal of Research in Science Teaching*, 2004, 41 (2): 142 – 164.

于学生是否有迁移的心向。① 结合这些迁移机制，佘晓清提出了概念转变的双情境学习模型（Dual Situated Learning Model，DSLM）。所谓"情境学习"，意味着概念转变的过程应该置于一个既强调科学概念的本质，又强调学生对于科学概念的信念的情境中，以便确定要想构建新的、更加科学的概念需要的心向。"双重"意味着该模型在很多层面具有双重功能：首先，概念转变建立在上述考虑双重因素的情境下；其次，概念转变过程应为学生提供与他们的认知不一致的差异事件，并为他们提供新的心向，以促使他们对概念的理解更为科学；再次，制造差异事件的过程，既能激发学生的学习动机，又能挑战他们对于概念的信念；最后，概念转变的过程需要挑战学生的认识论及本体论双重信念。② 根据以上原则，该模型共有六个主要阶段。第一阶段：分析科学概念的属性；第二阶段：对学生的迷思概念进行探求；第三阶段：分析学生所缺失的心向；第四阶段：设计双情境学习环境；第五阶段：采用双情境教学事件来实施教学活动；第六阶段：提供挑战性情境学习事件。③

综上，在概念转变理论的发展过程中，逐渐产生了很多独立的分支研究。其中，在概念转变教学策略方面，"认知冲突"似乎是研究者均没有忽略的问题之一，尽管对于认知冲突能否继续引发概念转变，研究者得出了不同的结论，但是引发认知冲突的方法，却往往是很多研究者关注的。本书在高中信息技术学科范围内，对该话题进行讨论，这就对应了本书第三个方面的研究问题：促进高中学生信息技术概念转变的教学策略。

---

① Sternberg R. J. , Frensch P. A. , Mechanisms of Transfer. In Detterman D. K. , Sternberg R. J. , eds. Transfer on Trial: Intelligence, Cognition, and Instruction. Norwood, NJ: Ablex Publishing, 1996: 25 – 38.

② She H. C. , "DSLM Instructional Approach to Conceptual Change Involving Thermal Expansion", *Research in Science and Technological Education*, 2003, 21（1）: 43 – 54.

③ She H. C. , "Concepts of Higher Hierarchical Level Required more Dual Situational Learning Events for Conceptual Change: A Study of Students' Conceptual Changes on Air Pressure and Buoyancy", *International Journal of Science Education*, 2002, 24（9）: 981 – 996.

三 概念转变的研究方法

有些早期的概念转变研究倾向于思辨范式，随着概念转变研究的深入，研究分支的多样，目前越来越多的研究者开始在不同的领域内进行实证研究，概念转变的研究方法也越来越多样化。其中，较有本领域特色的，是前概念的测试及概念转变的教学。对后者，笔者在概念转变教学策略部分已经涉及，此处不再赘述。

对于前概念的测试，笔者对国内外近几年的研究进行考察，发现前概念的测试方法主要有：访谈（基于发声思考）、图形（概念图或 V 形图等）、观察、一般纸笔测试（开放式题、普通选择题等）、POE、二阶诊断测试。在本文献综述中，只对 POE 和二阶诊断测试这两种较具特色的方法进行阐述。

POE 最早来自 Champagne 等研究学生对运动的理解时用到的方法，即演示（demonstrate）—观察（observe）—解释（explain），这种方法缩写为 DOE。[1] 1981 年，Gunstone 等把这种方法改为预测（predict）—观察（observe）—解释（explain），简称 POE。POE 基于实验开展，该方法的第一步是预测，即在做实验前，让学生对实验过程中的事件进行预测；第二步是观察，即学生观察实验过程；第三步是解释，即学生对前面两个步骤进行解释。[2]

我国台湾地区研究者杨志强曾对这些测试方法进行了比较，比较的范围包括：被测学生是否需要接受培训，能否了解概念间的关系，大量施测的可能性。比较结果显示，二阶诊断测试是在这三个方面均

---

[1] Champagne A. B., Klopfer L. E., Anderson J. H., "Factors Influencing the Learning of Classical Mechanics", *American Journal of Physics*, 1980, 48（12）: 1074 – 1079.

[2] Gunstone R. F., White R. T., "Understanding of Gravity", *Science Education*, 1981, 65（3）: 291 – 199.

比较理想的方法。①

二阶诊断测试（two - tier diagnostic tests）是由 Treagust 发明的，这里的"二阶"指问卷题目分为两段。实施二阶诊断测试，共需要三个阶段，十个步骤。在以往研究中，不同研究者对这三个阶段、十个步骤的解释有所不同，但他们的基本思想是一致的。

阶段一：明确命题知识，发展概念图，从而确定科学研究领域的范围。

步骤1：形成与研究主题相关的命题知识的陈述。

步骤2：发展与研究主题相关的命题知识的概念图。

步骤3：将命题知识陈述直接与概念图进行对比，从而确定命题知识陈述的可信度。

步骤4：由学科专家和教师对命题知识陈述及概念图的内容效度进行鉴定。

阶段二：通过研读相关文献、对学生进行访谈或者是开放式纸笔测验，初步识别学生的迷思概念。

步骤5：研读相关文献，查看以往研究得出的该领域的迷思概念。

步骤6：对刚刚完成研究主题的学习的学生进行非结构化访谈或者是开放式纸笔测验，从而确定一些迷思概念。

阶段三：编制二阶选择题，其中第一阶提供的是对概念内容的选项，第二阶提供的是对概念原因的选项。

步骤7：针对一个或几个命题知识陈述，编写每一道选择题，学生填答时需回答选择该选项的原因。

步骤8：根据学生填写的选择题的选择原因，以及非结构化访谈的结果，编制二阶选择题，其选项可以是正确答案、错误答案，或者是已经发现的迷思概念。

步骤9：建立二阶选择题试卷与命题知识陈述的对应表格，从而确保二阶选择题试卷考查到了每一个命题知识。

---

① 杨志强：《国小五年级学童"电磁学"单元教学之概念转变研究》，硕士学位论文，屏东师范学院，2001年。

步骤 10：对二阶选择题试卷不断进行完善，使之更好地应用在对学生迷思概念的诊断中。[①]

二阶诊断测试要求研究者对教学内容本身进行深入的考察，通过二阶题的形式，不仅能够测试出前概念是什么，还能够测试出这些前概念的理由。此外，二阶诊断测试的重点，在于测试工具的开发方面。[②]

综上所述，前概念的测试方法种类繁多。经过分析，本书决定依据改进的二阶诊断测试，来开发高中学生信息技术前概念测试工具，对于具体的分析过程，笔者将在后文进行详细的阐述。如前所述，二阶诊断测试在步骤 6 中提到"对刚刚完成研究主题的学习的学生进行非结构化访谈或者是开放式纸笔测验"，而研究显示，学生的迷思概念在课堂教学之前已经形成。因此，在实际操作中，有必要对此步骤进行改进。同时，在步骤 2 中提到"发展与研究主题相关的命题知识的概念图"，在步骤 3、步骤 4 中涉及概念图的信效度。本书认为，概念图虽然在概念转变研究中是非常重要的，但是在测试工具的开发中出现的意义似乎不大。对于测试工具的信效度检验，本书采用其他方式。此外，测试工具的本土化、学科化，也是本书需要考虑的问题。本书对二阶诊断测试的具体改进细节，笔者将在后文进行详细的阐述。

四 概念转变的学科领域

迄今为止，概念转变研究在数学、物理、化学、生物、地理、科学（主要是我国大陆小学和初中开设的综合科学课程）领域中均有涉猎，且有些已经比较成熟。对于信息技术及其相关学科的概念转变的

[①] Treagust D. F. , "Evaluating Students' Misconception by Means of Diagnostic Multiple Choice Items", *Research in Science Education*, 1986, 16: 199 – 207.

[②] Treagust D. F. , "Development and Use of Diagnostic Tests to Evaluate Students' Misconception in Science", *International Journal of Science Education*, 1988, 10 (2): 159 – 169.

研究并不多见。在我国台湾地区，已经有研究者对计算机病毒的前概念进行研究。林珊如等在 2001 年研究了资讯相关专业的学生对计算机病毒的迷思概念，得出了学生所具有的五种迷思概念：将计算机运作不正常全部归咎于计算机病毒；计算机病毒不仅感染软件，还会破坏硬件；已经感染过病毒的计算机更易继续感染病毒；计算机病毒发作时会导致鼠标操作困难、程序无法打开的问题；计算机病毒会顺着电线传染给其他电器。① 梁雅琇指出了以上研究的不足，编制了"电脑病毒概念测验试卷"，对国小六年级学生的迷思概念进行测试，并采用 ADDIE 教学设计模型对计算机病毒课程进行了课堂教学设计，有效促进了学生对于计算机病毒的学习。② 综上，概念转变研究涉及的学科领域越来越丰富，对于信息技术及其相关学科的概念转变的研究并不多见。

五　小结

前文对概念转变已有的研究进行了综述。可以看出，概念转变研究从 20 世纪 70 年代发展至今，虽然时间不长，尚属于年轻的研究领域，但是研究成果辈出，无论是在概念转变自身的理论及分支的研究，还是在研究方法方面，都有很多堪称经典的成果，而且概念转变研究涉及的学科领域也越来越丰富。

对于概念转变研究的成果及可以进一步探索之处，笔者在前文已经进行了详细的阐述，此处不再赘述。以下只简要总结本书立足于文献综述，对以往的概念转变研究所做的尝试性改进与发展。

第一，在概念转变的理论及分支研究方面，本书在高中信息技术学科范围内，尝试对"概念类型及结构""概念转变教学策略"这两

①　梁雅琇：《电脑病毒迷思概念与概念改变教学成效之研究》，硕士学位论文，国立台东大学，2007 年。

②　同上。

个概念转变领域需要进一步关注的问题进行探索。

第二，在概念转变的研究方法方面，本书尝试改进二阶诊断测试，使其更加适合中国高中信息技术学科的背景。

第三，在概念转变的学科领域方面，本书尝试在高中信息技术这一学科范围内，进行概念转变研究，这本身就是对概念转变所发生的学科领域的进一步求索。

综上，本章从概念转变的理论及分支研究、概念转变的研究方法、概念转变的学科领域三个层面，对以往的研究进行综述，对概念转变研究的历史、现状脉络进行了详细的梳理、评述。在此基础上，阐述了本书立足于文献综述，对以往的概念转变研究所做的尝试性改进与发展。

第二章　研究设计

在本书的研究设计中，研究问题回答了"需要收集、处理哪些数据"，研究方法回答了"如何收集、处理数据"，研究工具回答了"用什么收集、处理数据"。

其中，研究问题的初步形成源于对研究背景的透视，而针对研究问题对文献的梳理也反过来促进了研究问题的越发明晰，基于研究问题、文献综述开展的预研究使笔者不断审视与修订研究问题，最终形成了对研究问题的具体描述。

绪论和第一章已经对研究背景、研究问题、文献综述等进行了详细的阐述，本章对研究框架、研究方法、研究工具进行阐述。

一　研究框架

围绕着三个方面的研究问题，本书开展了四项工作，其中前两项解答了前两个方面的研究问题，后两项解答了第三个方面的研究问题。

第一，依据改进的二阶诊断测试，开发了高中学生信息技术前概念测试工具，这也对应了本书的第三章。

第二，采用该工具，探究了高中学生信息技术前概念及其学后变化，这也对应了本书的第四章。

第三，基于探究结果及探究结论，构建了促进高中学生信息技术概念转变的支架，这也对应了本书的第五章。

第四，以资源管理器学习单元为依托，对支架进行了检验，这也对应了本书的第六章。

　　研究框架如图 2 - 1 所示。图中实心箭头表示依据、辅助、支撑等，空心箭头表示步骤、顺序等。

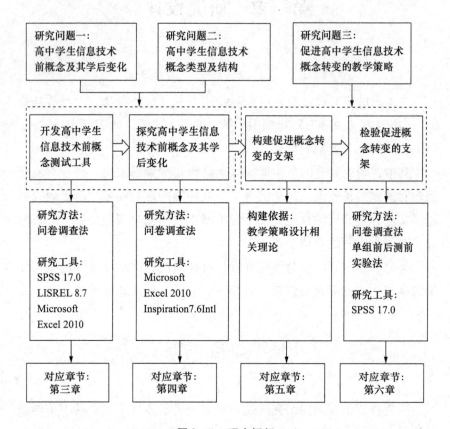

图 2 - 1　研究框架

二　研究方法：如何收集、处理数据

　　本书采用的研究方法主要为：问卷调查法和单组前后测前实验法。其中问卷调查法在多个研究步骤中均有涉及，前实验法则主要用于对支架的检验中。值得一提的是，与很多研究一样，本书也采用了一些不可避免的研究方法，如文献研究法等，但是鉴于其使用规范的普遍性，笔者在对研究方法的介绍中，不再对其进行阐述，而只重点阐述那些和收集、处理本书的数据最为密切的方法。

（一）问卷调查法

1. 工具开发中涉及的三次问卷调查

本研究在依据改进的二阶诊断测试，开发前概念测试工具时，进行了三次问卷调查，共涉及全国 3 个省（直辖市）9 所学校 18 个班级的 1019 位学生，共回收有效问卷 955 份。以下是对三次问卷调查的概括性描述，对于每次问卷调查实施的具体细节，笔者将在后文进行详细的阐述。

第一次为开放式问卷调查，对长春市 3 所学校 9 个班级的高一学生进行了测试。由于问卷题目较多，在施测时，笔者将其拆分成了 A、B、C 三份试卷，分别回收有效问卷 167 份、180 份、171 份。

开放式问卷调查实施完成之后，笔者对其结果进行了统计分析，对学生给出的答案进行了分类，并添加了"其他"选项，进而形成了第一阶选项，在每个题目后用"因为"设问，旨在使学生写出选择理由，由此形成了一般二阶问卷。笔者利用该问卷，对吉林省两市 3 所学校 6 个班级的高一学生进行了测试。由于问卷题目较多，在施测时，笔者将其拆分成了 A、B 两份试卷，分别回收有效问卷 147 份、162 份。

一般二阶问卷调查实施完成之后，笔者对其结果进行了统计分析，对学生在"因为"后给出的答案进行了分类，并添加了"其他理由"选项，进而形成了第二阶选项，在每个题目后添加了"以上均没有我认为正确的答案，我的理解是……因为……"，由此形成了二阶选择题问卷初稿。笔者利用该问卷初稿，对吉林省、北京市、山东省 3 所学校 3 个班级的高一学生进行了测试，回收有效问卷 128 份。根据调查结果，笔者对问卷初稿进行了信效度检验及进一步修改，最终形成了二阶选择题问卷。

2. 前概念及其学后变化探究中涉及的两次问卷调查

本研究在探究前概念及其学后变化时，进行了两次问卷调查，共涉及全国6个省（直辖市、自治区）12所学校12个班级的639位学生，共回收有效问卷588份。以下是对两次问卷调查的概括性描述，对于每次问卷调查实施的具体细节，笔者将在后文进行详细的阐述。

在高一上学期刚刚开始时，笔者利用二阶选择题问卷，对内蒙古自治区（以下简称"内蒙古"）、宁夏回族自治区（以下简称"宁夏"）、吉林省、北京市、山东省、福建省6所学校6个班级的学生进行了测试，回收有效问卷313份。

在高一上学期即将结束时，笔者再次利用二阶选择题问卷，对内蒙古、宁夏、吉林省、北京市、山东省、福建省6所学校6个班级的学生进行了测试，回收有效问卷275份。

3. 支架检验中涉及的两次问卷调查

本研究在检验促进概念转变的支架时，进行了两次问卷调查，涉及山东省某高中一年级一个普通班级的44名学生。

在教学开始前的两周，笔者利用依据二阶选择题问卷改编的开放式二阶问卷，对这44名学生进行了测试，回收有效问卷44份。

在教学结束后的两周，笔者再次利用开放式二阶问卷，对这44名学生进行了测试，回收有效问卷44份。

4. 对问卷调查的几点说明

在任何一项研究中，研究者所在的社会的价值观、关注点都会影响、指引研究的过程。[1] 此外，任何一种研究方法的使用规范，在某种程度上都是理想化的、概括性的，并不意味着在实践中丝毫不能改变。[2] 鉴于以上两点，在遵循研究方法基本使用规范的基础上，对其中某些可以商榷的步骤，进行适当选择和变通，是不可避免的。以下是对本研究问卷调查的几点说明。

（1）抽样方法。针对高中信息技术学科展开，在进行问卷调查时，最佳的随机抽样法是很难实现的。但本研究中的研究在抽样时，

---

① Burke Johnson, Larry Christensen, Educational Research: Quantitative, Qualitative, and Mixed Approaches, Boston: Pearson Education, Inc., 2004: 96.

② Alan Bryman, Social Research Methods, New York: Oxford University Press, 2008: 160.

充分考虑了各个地区、学校的信息发达情况及信息技术课程的开设、评价情况。

此外，在探究前概念及其学后变化时，分别在高一上学期刚刚开始，及高一上学期即将结束时，进行了两次问卷调查。为避免学生对题目记忆的影响，两次调查的学生并非同一批。由于抽样范围一致，本研究在高中信息技术学习层面上，将这两批学生视为同质的。

（2）问卷的难度与区分度。本研究中的二阶选择题问卷，旨在测试高中学生对于学习内容存在的观点、看法，而非掌握程度。因此，在前概念测试工具的开发过程中，本研究对难度、区分度未做统计学层面的检验，但充分考虑了学生对题目的感受，及高中一线信息技术教师的建议。

（3）问卷的使用时间。本研究中的二阶选择题问卷，是高中学生信息技术"前概念"测试工具，但在探究课堂教学之后，这些前概念发生的变化时，为了避免问卷变化对研究结果科学性的负面影响，仍然采用了同一套问卷。同样的情况，发生在本研究在检验促进概念转变的支架时，对开放式二阶问卷的应用中。

（二）单组前后测前实验法

在检验促进概念转变的支架时，进行了单组前后测前实验。涉及山东省某高中一年级一个普通班级的44名学生。

在该前实验中，自变量为：促进概念转变的支架；因变量为：开放式二阶问卷测试成绩；检验方法为：配对样本的t检验。对于假设、步骤等具体细节，笔者将在后文进行详细的阐述。

三 研究工具：用什么收集、处理数据

本研究采用的数据收集工具主要为：高中学生信息技术前概念测试工具——二阶选择题问卷，及其开发过程中形成的开放式问卷、一般二阶问卷、二阶选择题问卷初稿，还有依据二阶选择题问卷改编的开放式二阶问卷；采用的数据处理工具主要为：基于经典测量理论而

采用的 SPSS 17.0，基于结构方程模型而采用的 LISREL 8.7，以及用于描述性统计的 Microsoft Excel 2010，用于制作概念图的 Inspiration7.6Intl。

在开发前概念测试工具，对二阶选择题问卷的信效度进行检验时，基于经典测量理论，利用克隆巴赫 α 系数，检测了问卷的内部一致性信度，利用结构方程模型，检测了问卷的结构效度。值得一提的是，相对于内部一致性信度来说，重测信度更适合本研究中的问卷，但是由于本研究中的研究对问卷的测试时间有严格的限制，所以重测信度并不可行，故采用了内部一致性信度，检测软件为 SPSS 17.0。除了结构效度之外，内容效度也适合本研究中的问卷，由于问卷的形成经过了高中一线信息技术教师的多次审议，所以内容效度能够保证，故笔者在后文只详细阐述了结构效度的检验。在问卷的结构效度方面，将二阶选择题问卷初稿的测量模型标记为 M1，利用极大似然法对其进行了相关参数的估计，综合考虑了因子负荷矩阵 LX、外源潜变量之间的协方差矩阵 PH、外源指标误差间的协方差矩阵 TD，并根据因子负荷、误差方差、拟合指数等修改了 M1，将修改后形成的新的测量模型标记为 M2，利用同样的方式对其进行了检测，检测软件均为 LISREL 8.7。在检验促进概念转变的支架，对前后测成绩进行配对样本的 t 检验时，再次使用了检测软件 SPSS 17.0。

此外，本研究利用 Microsoft Excel 2010 对每次问卷调查结果进行了描述性统计分析，依据调查结果利用 Inspiration7.6Intl 制作了概念图。

第三章　高中学生信息技术前概念测试工具开发

高中学生信息技术前概念测试工具是本研究采用的主要数据收集工具，其开发是本研究的重要研究步骤。本章对前概念测试工具开发进行阐述。[①]

一　开发细则

如前所述，课堂教学之前，学生对于即将学习的内容，或多或少会存在一些前概念，这些前概念可以被研究者、教师作为资源，开展后续的课程开发或教学。[②] 然而，当研究者、教师试图将教学的起点定位于"学生已经知道了什么"，并将其作为重要资源时，一个不容忽视的问题出现了：大部分学生意识不到自己头脑中存在这些前概念，他们在学习中，会被动地添加并不符合自身经验的新知识，而无法对这些新知识和自己的前概念进行区分。[③] 同时，对于学习过程的探究发现，学生意识到自己头脑中的前概念，并提出能够支持这些前

---

① 王靖、董玉琦：《高中信息技术原有认知测试工具的开发——基于 CTCL 的信息技术学科学习心理研究（2）》，《远程教育杂志》2013 年第 1 期。

② Andre Giordan、裴新宁著：《变构模型——学习研究的新路径》，杭零译，教育科学出版社 2010 年版。

③ Liu Ou Lydia, Lee Hee Sun, Linn Marcia C. ，"Measuring Knowledge Integration：Validation of Four‐Year Assessments"，*Journal of Research in Science Teaching*，2011，（48）：1079 – 1107.

概念的理由，是有效学习的重要步骤。[①] 由此，本研究中的测试工具应该具备两点属性。首先，能够帮助学生意识到自己头脑中的前概念；其次，能够引导学生提出支持这些前概念的理由。

　　基于以上分析，本研究决定依据改进的二阶诊断测试，来开发前概念测试工具。其具体步骤及相关事项，即前概念测试工具开发细则如表3-1所示。

表3-1　　　　　　　　　　　前概念测试工具开发细则

核心目标	具体步骤	用到的主要资源（物、人）		主要的实验成果
确定测试知识点	1. 初步筛选出测试知识点	《普通高中技术课程标准（实验）》现行五个版本的高中信息技术课程标准教科书		初步筛选出的测试知识点内容陈述表
	2. 经三位一线教师审议，确定测试知识点	初步筛选出的测试知识点内容陈述表	高中一线信息技术教师	测试知识点内容陈述表
形成开放式问卷并施测	3. 初步形成开放式问卷	测试知识点内容陈述表		初步形成的开放式问卷题目与测试知识点对应细目表
	4. 经三位一线教师审议，最终形成开放式问卷	初步形成的开放式问卷题目与测试知识点对应细目表	高中一线信息技术教师	开放式问卷题目与测试知识点对应细目表
	5. 实施开放式问卷调查	开放式问卷	高中学生	开放式问卷调查结果统计表
形成一般二阶问卷并施测	6. 根据开放式问卷调查结果，形成一般二阶问卷调查	开放式问卷调查结果统计表		一般二阶问卷题目与测试知识点对应细目表
	7. 实施一般二阶问卷调查	一般二阶问卷	高中学生	一般二阶问卷调查结果统计表

---

① Yael Kali, Linn Marcia C. , "Designing Effective Visualizations for Elementary School Science", *The Elementary School Journal*, 2008, (109): 181-198.

续表

核心目标	具体步骤	用到的主要资源（物、人）		主要的实验成果
形成二阶选择题问卷	8. 根据一般二阶问卷调查结果，形成二阶选择题问卷初稿	一般二阶问卷调查结果统计表		二阶选择题问卷初稿题目与测试知识点对应细目表
	9. 利用二阶选择题问卷初稿实施问卷调查，检验其信效度	二阶选择题问卷初稿二阶选择题问卷赋分规则表	高中学生	
	10. 根据信效度检验结果及三位一线教师的建议，最终形成二阶选择题问卷		高中一线信息技术教师	二阶选择题问卷题目与测试知识点对应细目表

二 确定测试知识点

（一）初步筛选出测试知识点

本研究依据三点原则，初步筛选出了测试知识点。

第一，信息技术课程性质。信息技术课程的目标在于信息素养的提升，信息技术的飞速发展，使信息技术课程内容日新月异，但是在不断更新的技术背后，总有一些不变的内容。[①] 信息技术课程内容不是操作说明书，学生通过信息技术课程学到的，不仅仅是技术的"操作"，更重要的是在技术背后，能够促进学生对技术深层次理解的内容。对于这些内容的学习，能够为学生提升信息素养、快速适应信息

---

① 董玉琦：《普通高中信息技术课程标准研制省思》，《电化教育研究》2004 年第 9 期。

社会打下良好的基础。① 因此，本研究筛选出的测试知识点，更多的是技术操作本身背后的内容。

第二，信息技术课程标准及教科书。笔者对《普通高中技术课程标准（实验）》进行了学习，结合现行（即 2017 年之前）五个版本"高中信息技术课程标准教科书"的相关内容，综合考虑课程标准各模块的均衡，教科书各章节的均衡，筛选出了相应的测试知识点。

第三，测试知识点并不完全等同于日后学生要在课堂中学习的内容，后者涵盖的范围可能更大一些。此外，测试知识点会根据问卷调查的结果做调整。

基于以上分析，本研究选择了搜索引擎、汉字的处理、资源管理器、信息加密、知识产权五个学习单元，作为测试内容。

（二）教师审议确定测试知识点

初步筛选出了测试知识点之后，笔者邀请了分别来自山东省、北京市和吉林省的三位高中一线信息技术教师，对知识点进行审议。之所以选择这三位一线教师，原因有三个：第一，三位教师均是硕士学历，对信息技术课程发展趋势，尤其是信息科学、信息社会学学习单元，有很好的感悟力；第二，三位教师的教龄在三年到五年之间，既积累了一定的教学经验，对信息技术课程应该学习什么内容，有自己较为成熟的判断，又没有产生职业倦怠，对信息技术课程教学有热情和追求；第三，山东省、北京市和吉林省在信息技术课程开设、评价方面，有较大差异，来自这些地方的教师审议出的测试知识点，具有一定的代表性。

审议经过了两轮，首先，三位教师独立审议，对每个测试知识点是保留还是删除，拿出自己的意见，并对认为应该删除的知识点说明原因；其次，三位教师分别参考另外两位教师的意见，再次对所有知识点进行审议，最终拿出自己对每个知识点的意见。

笔者根据三位教师的最终意见，删除了被两位或两位以上教师给

---

① 董玉琦：《信息技术课程研究：体系化、方法论与发展方向》，《中国电化教育》2007 年第 3 期。

予"删除"意见的知识点：搜索引擎的分类，文件的类型，常见的数字文件扩展名，相关法律对知识产权的规定。删除原因包括：知识点难度过大、和其他知识点互相包含、知识点本身的内容尚存在较大争议。

由此，本研究确定了 23 个知识点，作为开放式问卷的测试内容。测试知识点内容陈述表见附录 1。

三　形成开放式问卷并施测

（一）初步形成开放式问卷

选出了 23 个知识点之后，本研究初步形成了开放式问卷。问卷在题目的描述方面，均采用了易于学生想象到的，或者在日常生活中并不陌生的场景，以便于学生清晰地表达自己的理解。初步形成的开放式问卷包含 24 个题目。

（二）教师审议最终形成开放式问卷

开放式问卷初步形成之后，笔者再次邀请之前的三位教师，对问卷中的题目进行审议，审议方法和之前采用的对测试知识点的审议方法相同。

笔者根据三位教师的最终意见，删除了被两位或两位以上教师给予"删除"意见的题目："著作权"对应的"你听说过有关著作权纠纷的案例吗？你觉得著作权是什么？"删除原因为：可给出的答案过于宽泛。

由此，本研究形成了包含 23 个题目的开放式问卷。这些题目与测试知识点对应细目表见附录 2。

（三）实施开放式问卷调查

开放式问卷形成之后，笔者对长春市 3 所学校 9 个班级的高一学生进行了测试。从教学质量及信息技术课程开设的情况角度区分，这 3 所学校分别是长春市很好的、一般的及稍差的学校。由于问卷题目较多，在施测时，笔者综合考虑了学习单元的难度均衡、题目的数量均衡，将其拆分成了 A、B、C 三份试卷，并从每所学校选出三个班级，分别做 A、B、C 卷。此外，调查是在高一上学期实施的，由于 3 所学校均是在高一下学期开设信息技术基础课，所以学生在接受调查时，对问卷测试知识点的学习状态均为 "课堂教学之前"。开放式问卷调查样本情况如表 3-2 所示。

表 3-2　　　　　　　　　开放式问卷调查样本情况

样本所在学校	问卷类型	发放问卷份数（份）	有效问卷份数（份）	有效问卷率（%）
A 高中	A 卷	56	55	98.21
	B 卷	68	65	95.59
	C 卷	60	54	90.00
B 高中	A 卷	63	62	98.41
	B 卷	58	58	100.00
	C 卷	62	62	100.00
C 高中	A 卷	50	50	100.00
	B 卷	60	57	95.00
	C 卷	64	55	85.94
合计	A 卷	169	167	98.82
	B 卷	186	180	96.77
	C 卷	186	171	91.94

（四）开放式问卷调查结果

开放式问卷调查实施完成之后，笔者对其结果进行了统计分析，对学生给出的答案进行了分类。以下是进行统计分析时遵循的几点规则。

第一，本研究将具有以下特征的问卷视为无效问卷：学生对所有题目均填答了 "不知道" "不清楚" 等类似内容，或者填答了明显无意义的答案，或者没有给出任何答案。值得一提的是，如果学生对大部分题目填答了有意义的答案，而只对个别题目出现上述情况，本研究视该问卷为有效问卷，并将这些题目的答案归为 "不知道或未填答"类型。

第二，调查结果显示，学生的答案是有规律可循的，所以能够找出一些有共同特征的答案，将其分为一类，即开放式问卷调查结果统计表中，列出的答案类型，仅仅是通过学生的答案，能够归纳出的为数不多的主要类型。但同时，学生的答案是形形色色的，有一些答案，由于填答人数过少等原因，不能被分到任何一类。本研究将这些答案归为"无法被分类的答案"。

第三，开放式问卷调查结果统计表中，将"不知道或未填答""无法被分类的答案"，标记为"其余"。

第四，开放式问卷调查结果统计表中，"所占比例"是指各答案类型填答人数占有效问卷份数的比例（如前所述，A 卷的有效问卷份数为 167 份，B 卷的有效问卷份数为 180 份，C 卷的有效问卷份数为 171 份）。由于本研究在利用 Microsoft Excel 2010 进行统计分析时，设置了"所占比例"一列均保留两位有效数字，所以有些题目可能出现各类"所占比例"之和，约等于但不等于 100% 的情况。

第五，通过开放式问卷调查，发现有些知识点较为特殊，这些知识点包括：搜索引擎的功能，汉字输入码的类型，文件夹的作用，汉字的处理过程，对于前三个知识点对应的题目，大部分学生都能填答出正确的答案；对于"汉字的处理过程"对应的题目，大部分学生没有给出任何答案。在开放式问卷调查结果统计表中，未在这些题目后的位置填写内容。

开放式问卷调查结果统计表见附录 3。

四 形成一般二阶问卷并施测

（一）形成一般二阶问卷

如前所述，开放式问卷调查实施完成之后，笔者对其结果进行了统计分析，对学生给出的答案进行了分类，并添加了"其他"选项，进而形成了第一阶选项，在每个题目后用"因为"设问，旨在使学生写出选择理由，由此形成了一般二阶问卷。

值得一提的是，在形成一般二阶问卷的过程中，选项的描述尽量遵循了学生给出的有代表性的答案，即使选项风格尽量贴近学生的语言，易于学生理解，所以可能有些选项显得比较口语化。此外，如前所述，通过开放式问卷调查，发现有些知识点较为特殊，本研究认为，这些知识点虽然在教学中有可能要提及，但并不适合在测试问卷中出现，于是在一般二阶问卷中，删除了这些知识点对应的题目。由此，本研究形成了涵盖 19 个测试知识点，包含 19 个题目的一般二阶问卷。这些题目与测试知识点对应细目表见附录 4。

（二） 实施一般二阶问卷调查

一般二阶问卷形成之后，笔者对吉林省两市 3 所学校 6 个班级的高一学生进行了测试。从教学质量及信息技术课程开设的情况角度区分，这 3 所学校分别是吉林省很好的、一般的及稍差的学校。由于问卷题目较多，在施测时，笔者综合考虑了学习单元的难度均衡、题目的数量均衡，将其拆分成了 A、B 两份试卷，并从每所学校选出两个班级，分别做 A、B 卷。此外，调查是在高一下学期刚刚开始时实施的，由于 3 所学校均是在高一下学期开设信息技术基础课，所以学生在接受调查时，对问卷测试知识点的学习状态均为"课堂教学之前"。一般二阶问卷调查样本情况如表 3 - 3 所示。

表 3 - 3 　　　　　　　　一般二阶问卷调查样本情况

样本所在学校	问卷类型	发放问卷份数（份）	有效问卷份数（份）	有效问卷率（%）
D 高中	A 卷	56	56	100.00
	B 卷	56	49	87.50
E 高中	A 卷	60	47	78.33
	B 卷	67	62	92.54
F 高中	A 卷	50	44	88.00
	B 卷	56	51	91.07
合计	A 卷	166	147	88.55
	B 卷	179	162	90.50

（三）一般二阶问卷调查结果

一般二阶问卷调查实施完成之后，笔者对其结果进行了统计分析，对学生在"因为"后给出的答案进行分类。以下是进行统计分析时遵循的几点规则。

第一，本研究将具有以下特征的问卷视为无效问卷：学生对所有题目的第二阶（因为）均填答了"不知道""不清楚"等类似内容，或者填答了明显无意义的答案，或者没有给出任何答案，或者学生对所有题目的两阶，均没有给出任何答案。值得一提的是，如果学生对大部分题目填答了有意义的答案，而只对个别题目出现上述情况，本研究视该问卷为有效问卷，并将这些题目的答案归为"不知道或未填答"类型。

第二，一般二阶问卷的第一阶选项中，均有一个"其他"选项，调查结果显示，尽管有些学生在"其他"后填答，但这些答案，由于代表性不强等原因，不能成为单独的一类。本研究将这些答案归为"无法被分类的答案"。

第三，一般二阶问卷调查结果统计表中，将"不知道或未填答""无法被分类的答案"，标记为"其余"。

第四，一般二阶问卷调查结果统计表中，"所占比例"，是指第一阶各选项选择人数占有效问卷份数的比例（如前所述，A 卷的有效问卷份数为 147 份，B 卷的有效问卷份数为 162 份）。由于本研究在利用 Microsoft Excel 2010 进行统计分析时，设置了"所占比例"一列均保留两位有效数字，所以有些题目可能出现各类"所占比例"之和，约等于但不等于 100% 的情况。

第五，一般二阶问卷的第二阶，均用"因为"设问，旨在使学生写出选择理由，调查结果显示，学生的答案是有规律可循的，所以能够找出一些有共同特征的答案，将其分为一类。但本研究发现，学生能够给出的合理的理由特别少。因此，一般二阶问卷调查结果统计表中，列出的第二阶答案类型，是通过学生的答案，能够归纳出的为数不多的主要类型。

第六，进行统计分析时发现了选择人数为 0 的现象，这可能是因为，当学生面对的是选择题，而非开放题的时候，比较容易通过对比各选项，对其中某个或者某些选项产生认同。这可能也是造成"所占比例"一列的构成，在开放式问卷调查结果中，和一般二阶问卷调查结果中有一些差异的原因。

一般二阶问卷调查结果统计表见附录5。

五　形成二阶选择题问卷

（一）　形成二阶选择题问卷初稿

如前所述，一般二阶问卷调查实施完成之后，笔者对其结果进行了统计分析，对学生在"因为"后给出的答案进行了分类，并添加了"其他理由"选项，进而形成了第二阶选项，在每个题目后添加了"以上均没有我认为正确的答案，我的理解是……因为……"，由此形成了二阶选择题问卷初稿。

在形成二阶选择题问卷初稿的过程中，笔者删除了那些在一般二阶问卷调查中选择率为0的第一阶选项。二阶选择题问卷初稿中，第二阶选项与第一阶选项是一对一或者多对一的关系，但是两阶选项的排列顺序无任何对应规律。

由此，本研究形成了涵盖19个测试知识点，包含19个题目的二阶选择题问卷初稿。

（二）　最终形成二阶选择题问卷

对于二阶选择题问卷，由于其答案类型相对稳定，所以对其赋分变得可行。为了检验问卷的信效度，笔者对二阶选择题问卷制定了赋分规则，该规则同时适用于二阶选择题问卷初稿，及最终形成的二阶选择题问卷。值得一提的是，由于二阶选择题问卷的两阶选项，均来自学生给出的答案，所以有些题目没有正确选项，但这并不影响赋分规则的使用。二阶选择题问卷赋分规则如表3－4所示。

表 3 - 4　　　　　　　　　　二阶选择题问卷赋分规则

得分	选项（其中"匹配理由"不一定是问卷提供的选项，也可以是学生自己在"其他理由"中给出的）
3	正确选项及其匹配理由（理由无绝对正确，有道理即可）
2	正确选项及与其不匹配的理由
1	错误选项及其匹配理由
0	其余

二阶选择题问卷初稿形成之后，笔者利用二阶选择题问卷初稿对吉林省、北京市、山东省的 3 所学校 3 个班级的高一学生进行了测试。从教学质量及信息技术课程开设的情况角度区分，这 3 所学校均是各自省市中一般的学校。此外，调查是在高一上学期刚刚开始时实施的，所以学生在接受调查时，对问卷测试知识点的学习状态均为"课堂教学之前"。二阶选择题问卷初稿调查样本情况如表 3 - 5 所示。

表 3 - 5　　　　　　二阶选择题问卷初稿调查样本情况

样本所在学校		发放问卷份数（份）	有效问卷份数（份）	有效问卷率（%）
吉林省	G 高中	54	52	96.30
北京市	H 高中	41	40	97.56
山东省	I 高中	38	36	94.74
合计		133	128	96.24

二阶选择题问卷初稿调查实施完成之后，笔者根据问卷赋分规则，对每份问卷的每个题目评分，得到了所有数据点，继而利用克隆巴赫 α 系数，来检测问卷的内部一致性信度，利用结构方程模型，来检测问卷的结构效度。二阶选择题问卷初稿信效度指标如表 3 - 6 所示。

表 3 - 6　　　　　　二阶选择题问卷初稿信效度指标

	结构效度（测量模型 M1 拟合指数）					内部一致性信度
	所有指标的因子负荷 t 值	χ^2/df	RMSEA	NNFI	CFI	克隆巴赫 α 系
初步形成的二阶选择题问卷测量模型 M1	均大于 2	2.77	0.08	0.86	0.87	0.83

二阶选择题问卷初稿的测量模型 M1 的拟合指数并不是完全理想的。同时，在 TD 矩阵的修正指数中，第一个指标和第三个指标之间的修正指数最大，为 58.75。由此，二阶选择题问卷初稿中，搜索引擎学习单元的第一题及第三题成为修改的焦点。

笔者将二阶选择题问卷初稿交给之前的三位教师，请他们对这两道题目提出修改建议。三位教师一致认为，相对第一题，第三题更加深刻，因此建议删除第一题。本研究采纳了三位一线教师的建议，此外，由于第三题的描述无法包含第一题的内容，所以不采用合并题目的方式，即对第三题不做改动。

由此，本研究形成了新的测量模型，将其标记为 M2，新形成的二阶选择题问卷信效度指标如表 3-7 所示。

表 3-7 新形成的二阶选择题问卷信效度指标

	结构效度（测量模型 M2 拟合指数）					内部一致性信度
	所有指标的因子负荷 t 值	χ^2/df	RMSEA	NNFI	CFI	克隆巴赫 α 系数
新形成的二阶选择题问卷测量模型 M2	均大于 2	2.56	0.07	0.91	0.92	0.82

可以看出，测量模型 M2 的拟合指数均达到了理想的水平，本研究接受该模型。由此，本研究形成了涵盖 18 个测试知识点，包含 18 个题目的高中学生信息技术前概念测试工具——二阶选择题问卷（见附录 6）。

值得一提的是，由于二阶选择题问卷的两阶选项，均来自学生给出的答案，所以对于有些题目来说，两阶选项之间的对应关系较为明显，且如前所述，学生给出的两阶答案的类型均特别少，这就决定了两阶选项的个数均特别少。但是本研究中的二阶选择题问卷，旨在测试高中学生对于学习内容存在的观点、看法，而非掌握程度。对于有些题目，学生如果觉得选项不符合他们的观点、看法，可以在题目后的"以上均没有我认为正确的答案，我的理解是……因为……"处填答。对于这一点，在问卷调查现场，是被反复强调的。

在问卷的题目顺序方面，笔者综合考虑了学习单元的难度均衡，将其按照搜索引擎、信息加密、资源管理器、汉字处理、知识产权的顺序排列。二阶选择题问卷测量模型如图 3 - 1 所示。

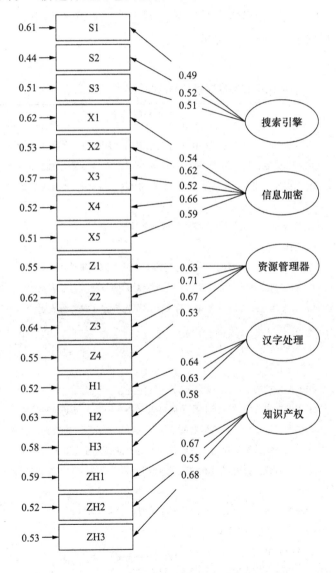

图 3 - 1　二阶选择题问卷测量模型

图中的各值均为参数估计原始值，即未标准化的参数估计值。其中最左边一列（从 0.61 到 0.53）为外源指标误差间的协方差矩阵 TD 的参数估计原始值；中间一列（从 0.49 到 0.68）为外源指标在外源潜变量上的因子负荷矩阵 LX 的参数估计原始值。

在题目与测试知识点对应细目表中，则遵循了与前文表格一致的顺序，以下以信息加密学习单元的前两个测试知识点为例，对这些题目与测试知识点对应细目表进行展示。

表 3 - 8　二阶选择题问卷题目与测试知识点对应细目表示例

测试知识点	二阶选择题问卷题目
明文与密文的含义	李冉即将接收一封远在德国的好友威廉的邮件，由于邮件中涉及非常重要的信息，威廉告诉李冉这封邮件可能涉及对邮件内容进行加密的问题。李冉上网查找了一些关于信息加密的知识，在查找过程中，她常常看到"明文"和"密文"两个词。 1. 你觉得"明文"和"密文"分别是什么？ 我选择（单选）＿＿＿＿＿＿＿＿＿＿＿＿＿＿＿＿＿ A. 明文是没有隐藏的，密文是隐藏的，需要调整属性才能看到 B. 明文是公开的、无须输入密码就能看到的，密文是输入密码才能看到的 C. 明文是直接可以看懂的，密文是用事先规定好的符号表示的，不知道这些规定就看不懂 D. 在明文中，输入什么即显示什么，在密文中，输入的东西一律显示为＊或者其他符号 我选择该项的理由是（可多选）＿＿＿＿＿＿＿＿＿＿ ①在电影中看到的电报、莫尔斯电码就是一些事先规定好的符号 ②在一些论坛上，一些重要的东西只有会员登录后才能看到，这些就是密文 ③密文一定是很重要的，隐藏后就不会被盗取或篡改 ④明文是完全公开的，密文是针对部分人公开的，密码能实现针对部分人公开 ⑤密码应该是密文的一种，输入密码时一般会显示＊ ⑥密文类似于 ASCII 码 ⑦其他理由＿＿＿＿＿＿＿＿＿＿＿＿＿＿＿＿＿＿＿ 以上均没有我认为正确的答案，我的理解是＿＿＿＿＿，因为＿＿＿＿＿

续表

测试知识点	二阶选择题问卷题目
信息加密的原理	2. 如果你是威廉，在对邮件加密的过程中，你会对邮件内容做怎样的处理？ 我选择（单选）_____ A. 设置密码 B. 发私信 C. 用别人看不懂的字符代替文字 D. 设置隐藏文字 我选择该项的理由是（单选）_____ ①如果邮件中的文字只有收件人能看懂的话，即使出现了邮件被盗取等意外，邮件中的信息也不会泄露 ②私信会受到其所在网站所属大公司的保护，比较安全 ③设置密码后，即使他人登录收件人邮箱或者邮件中途遭到拦截也会因为打不开邮件而不能盗取或篡改邮件中的信息 ④隐藏的东西不会被盗取或篡改 ⑤其他理由_____ 以上均没有我认为正确的答案，我的理解是_____，因为_____

第四章 高中学生信息技术前概念
及其学后变化探究

　　前概念测试工具开发完成之后，本研究采用该工具，探究了高中学生信息技术前概念及其学后变化，在此基础上，得出了高中学生信息技术概念类型及结构。本章对前概念及其学后变化探究进行阐述。①

一　探究细则

　　本研究在探究前概念及其学后变化时，进行了两次问卷调查，共涉及全国6个省（直辖市、自治区）的学生。笔者邀请了一些高中一线信息技术教师，作为调查实施委托人。在确定了调查样本及时间之后，笔者对调查实施委托人进行了培训，之后实施了二阶选择题问卷调查，最后，笔者对调查结果进行了统计分析。其具体步骤及相关事项，即前概念及其学后变化探究细则如图4-1所示。图中实心箭头表示依据、辅助、支撑等，空心箭头表示步骤、顺序等。

　　为了探究前概念，笔者在调查实施委托人的协助下，对内蒙古、宁夏、吉林省、北京市、山东省、福建省6所学校6个班级的高一学生进行了测试。从教学质量及信息技术课程开设的情况角度区分，这6所学校均是各自省市区中一般的学校。此外，调查是在高一上学期刚刚开始时实施的，所以学生在接受调查时，对问卷测试知识点的学

---

　　① 王靖、董玉琦：《高中学生信息技术学习中的概念转变调查——基于CTCL信息技术学科学习心理研究（3）》，《远程教育杂志》2014年第4期。

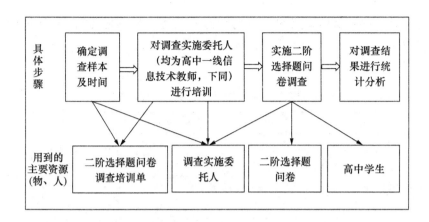

图 4 - 1　前概念及其学后变化探究细则

习状态均为"课堂教学之前"。二阶选择题问卷调查（前概念）样本情况如表 4 - 1 所示。

表 4 - 1　　　二阶选择题问卷调查（前概念）样本情况

样本所在学校		发放问卷份数（份）	有效问卷份数（份）	有效问卷率（%）
内蒙古	J 高中	55	50	90.91
宁夏	K 高中	47	47	100.00
吉林省	L 高中	59	59	100.00
北京市	M 高中	53	52	98.11
山东省	N 高中	57	56	98.25
福建省	O 高中	60	49	81.67
合计		331	313	94.56

　　之后，为了探究课堂教学之后这些前概念发生的变化，笔者在调查实施委托人的协助下，对内蒙古、宁夏、吉林省、北京市、山东省、福建省 6 所学校 6 个班级的高一学生进行了测试。从教学质量及信息技术课程开设的情况角度区分，这 6 所学校均是各自省市区中一般的学校。此外，调查是在高一上学期即将结束时实施的，由于 6 所学校均是在高一上学期开设信息技术基础课，所以学生在接受调查

时，对问卷测试知识点的学习状态均为"课堂教学之后"。二阶选择题问卷调查（学后变化）样本情况如表 4 - 2 所示。

表 4 - 2　　　　　二阶选择题问卷调查（学后变化）样本情况

样本所在学校		发放问卷份数（份）	有效问卷份数（份）	有效问卷率（%）
内蒙古	P 高中	51	48	94.12
宁夏	Q 高中	55	53	96.36
吉林省	R 高中	56	50	89.29
北京市	S 高中	46	39	84.78
山东省	T 高中	58	53	91.38
福建省	U 高中	42	32	76.19
合计		308	275	89.29

二　探究结果：前概念及其学后变化

二阶选择题问卷调查实施完成之后，笔者对其结果进行了统计分析，以下是进行统计分析时遵循的几点规则。

第一，本研究将具有以下特征的问卷视为有效问卷：学生对所有题目的两阶均做出了选择，或者给出了有意义的答案。

第二，二阶选择题问卷的每个题目后，均有"以上均没有我认为正确的答案，我的理解是……因为……"，调查结果显示，几乎没有学生在该处填答。但是，二阶选择题问卷的第二阶选项中，均有一个"其他理由"选项，调查结果显示，有些学生在"其他理由"后填答。对于每个题目第二阶的"其他理由"一项，只统计其所占比例，不详细列出其内容。

第三，二阶选择题问卷调查结果各个统计表中，"所占比例"，是指各选项组合选择人数占有效问卷份数的比例（如前所述，前概念调查的有效问卷份数为 313 份，学后变化调查的有效问卷份数为 275

份）。问卷的第一阶均为单选，第二阶则由多选和单选两种题型构成。对于两阶均为单选的题目，由于本研究在利用 Microsoft Excel 2010 进行统计分析时，设置了"所占比例"一列均保留两位有效数字，所以有些题目可能出现各类"所占比例"之和，约等于但不等于100%的情况。本研究采用饼图来展现这些题目的结果。对于第二阶为多选的题目，本研究采用柱形图来展现结果。

第四，当学生面对的第二阶是选择题，而非开放题的时候，比较容易通过对比各选项，对其中某个或者某些选项产生认同，并重新认识与这些选项对应的第一阶选项。这可能也是造成"所占比例"一列的构成，在二阶选择题问卷调查结果中，和在之前各次结果中有一些差异的原因。

第五，二阶选择题问卷调查结果各个统计表中，将前概念调查的对应列标记为"学前"，将学后变化调查的对应列标记为"学后"。本研究在对调查结果进行文字描述时，只重点描述那些特征较为明显的，对于那些特征不太明显的，由于在各个统计表、图中已经显示，所以不再做文字描述。

（一）搜索引擎学习单元

二阶选择题问卷中，共有三个题目属于搜索引擎学习单元，以下按照题目的顺序，逐一、客观地描述调查结果。

"目录搜索引擎的使用方法"是第一个测试知识点，题目如下。

小明暑假要去黄山旅行，他想从网上查找一些关于黄山的信息，却不知道该如何做，他的好友小红告诉他通过百度查找，另一位好友小鹏却告诉他通过雅虎查找。

小明决定通过雅虎查找一下黄山所在地——安徽省黄山市的天气，但是打开雅虎后，他却不知道该做什么了。

1. 请你告诉小明如何通过雅虎最快捷地完成这项任务。

我选择（单选）＿＿＿＿＿＿＿＿＿＿＿＿

A. 在雅虎搜索框中输入"安徽省黄山市天气"进行查找

B. 在雅虎中点击"天气"，再选择相应地点进行查找

> 我选择该项的理由是（可多选）_____
> ① 自己输入关键词会出现一些无关信息
> ② 百度等搜索引擎是这么用的
> ③ 雅虎有专门的天气预报专栏，这样搜索更直接快捷
> ④ 其他理由_____
> 以上均没有我认为正确的答案，我的理解是_____，因
> 为_____

调查结果统计如表4-3所示。

表4-3 目录搜索引擎的使用方法统计

第一阶选项	第二阶选项	学前		学后	
		选择人数	所占比例（%）	选择人数	所占比例（%）
A	①	0	0	1	0.36
	②	152	48.56	22	8.00
	③	51	16.29	17	6.18
	④	4	1.28	1	0.36
B	①	111	35.46	110	40.00
	②	1	0.32	0	0
	③	83	26.52	128	46.55
	④	4	1.28	1	0.36

可以看出，课堂教学之前，有接近一半的学生选择了A②，即认为对于题目情境来说，输入关键词是更为快捷的搜索方法，理由是：百度等搜索引擎就是这么用的。分别有35.46%和26.52%的学生选择了对于题目情境来说，更为快捷的搜索方法，同时选择了较为恰当的理由。前概念调查结果统计如图4-2所示。

经过课堂教学之后，分别有46.55%和40%的学生选择了对于题目情境来说，更为快捷的搜索方法，同时选择了较为恰当的理由。学后变化调查结果统计如图4-3所示。

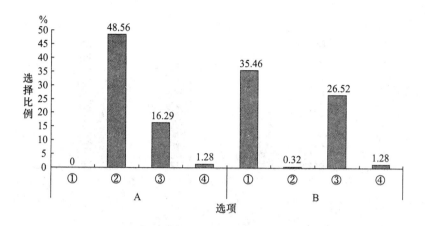

图 4 - 2　目录搜索引擎的使用方法前概念统计

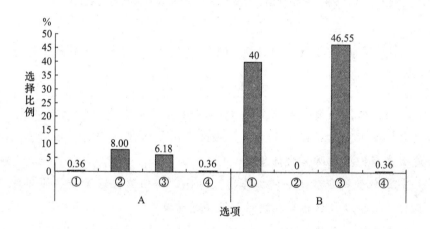

图 4 - 3　目录搜索引擎的使用方法学后变化统计

　　经过课堂教学之后，前概念发生的变化主要有两处：第一，由百度搜索引擎的用法，推断雅虎搜索引擎的用法的学生比例，由48.56%下降到8%；第二，知道雅虎有专门的天气预报栏，故而选择了对于题目情境来说，更为快捷的搜索方法的学生比例，由26.52%上升到46.55%。前概念及其学后变化调查结果统计如图 4 - 4 所示。

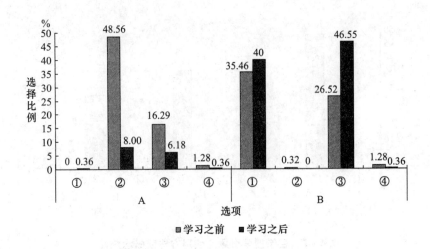

图4-4 目录搜索引擎的使用方法前概念及其学后变化

"全文搜索引擎的工作原理"是第二个测试知识点，题目如下。

接下来，小明分别用百度和雅虎查找了关于黄山的一些信息，之后，他对百度和雅虎产生了兴趣：它们是如何工作的？它们为何能够为我们提供所需的信息？

2. 你觉得百度是如何工作的？为什么我们仅仅做了一些简单的操作，百度就能够为我们提供如此多的信息？

我选择（单选）_____

A. 百度以超级链接的方式链接到各个网站，并以词条的方式记录这些网站，当我们进行搜索时，百度便能根据这些词条列出网站

B. 百度有自己专用的信息库，这个信息库由百度聘请各领域的专家共同建设，当我们进行搜索时，百度在这个信息库里查找相应的内容，并以网页的形式提供给我们

C. 网民在百度上发帖回帖，百度从这些帖子中寻找我们所需要的信息

> 我选择该项的理由是（可多选）_____
>
> ①百度搜索出的结果基本上都是其他网站的内容，且每条搜索结果下都会给出网站的网址
>
> ②百度的搜索结果中，与用户输入的关键词匹配的词条通常都会以红色标记出来
>
> ③百度的速度这么快，说明信息库是自己的，百度只需要进自己公司的局域网就能把信息找到
>
> ④百度知道就是这样的
>
> ⑤其他理由_____
>
> 以上均没有我认为正确的答案，我的理解是_____，因为_____

调查结果统计如表4-4所示。

表4-4　　　　　　全文搜索引擎的工作原理统计

第一阶选项	第二阶选项	学前		学后	
		选择人数	所占比例（%）	选择人数	所占比例（%）
A	①	134	42.81	177	64.36
	②	125	39.94	101	36.73
	③	0	0	1	0.36
	④	22	7.03	18	6.55
	⑤	4	1.28	2	0.73
B	①	29	9.27	29	10.55
	②	25	7.99	19	6.91
	③	37	11.82	79	28.73
	④	18	5.75	19	6.91
	⑤	3	0.96	0	0
C	①	7	2.24	8	2.91
	②	8	2.56	5	1.82
	③	9	2.88	3	1.09
	④	128	40.89	22	8.00
	⑤	0	0	0	0

　　可以看出，课堂教学之前，有相当一部分学生认为，百度以超级链接的方式链接到各个网站，并以词条的方式记录这些网站，当我们进行搜索时，百度便能根据这些词条列出网站。其中，有42.81%的学生选择的理由是：百度搜索出的结果基本上都是其他网站的内容，且每条搜索结果下都会给出网站的网址；有39.94%的学生选择的理由是：百度的搜索结果中，与用户输入的关键词匹配的词条通常都会以红色标记出来。此外，有超过40%的学生由百度知道、百度百科的用法，推断出百度的工作方式是：网民在百度上发帖回帖，百度从这些帖子中寻找我们所需要的信息。前概念调查结果统计如图4-5所示。

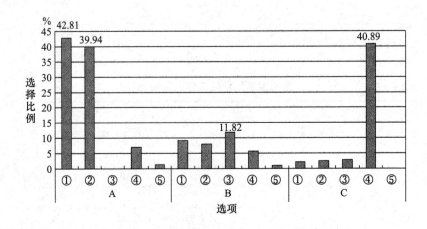

图4-5　全文搜索引擎的工作原理前概念统计

　　经过课堂教学之后，分别有64.36%和36.73%的学生选择了A①和A②，即虽然选择了不同的理由，但都认为，百度以超级链接的方式链接到各个网站，并以词条的方式记录这些网站，当我们进行搜索时，百度便能根据这些词条列出网站。此外，有接近30%的学生由百度的搜索速度快，推断出百度有自己专用的信息库。学后变化调查结果统计如图4-6所示。

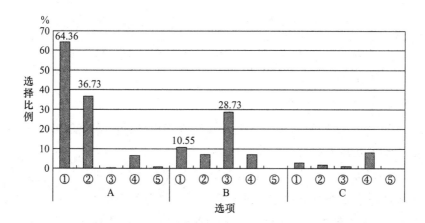

图 4-6　全文搜索引擎的工作原理学后变化统计

经过课堂教学之后，前概念发生的变化主要有三处：第一，由百度搜索出的结果的来源，推断出百度以超级链接的方式，链接到各个网站的学生比例，由 42.81% 上升到 64.36%；第二，由百度的搜索速度快，推断出百度有自己专用的信息库的学生比例，由 11.82% 上升到 28.73%；第三，由百度知道、百度百科的用法，推断出百度从网民的帖子中，寻找我们所需要的信息的学生比例，由 40.89% 下降到 8%。前概念及其学后变化调查结果统计如图 4-7 所示。

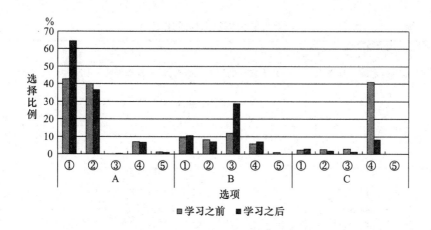

图 4-7　全文搜索引擎的工作原理前概念及其学后变化

"目录搜索引擎的工作原理"是第三个测试知识点，题目如下。

> 3. 你觉得雅虎是如何工作的？它是如何做到能够为我们提供如此多的信息的？
>
> 我选择（单选）＿＿＿＿＿＿＿＿＿＿＿＿＿＿＿
>
> A. 雅虎在其首页上，以超级链接的方式链接到各个网站，我们进入雅虎直接点击自己需要的网站即可
>
> B. 雅虎有很多员工在后台工作，当我们进行搜索时，这些员工便在网上查找相应的内容，并传到前台，继而呈现给用户
>
> C. 雅虎有自己专用的信息库，当我们进行搜索时，雅虎在这个信息库里查找相应的内容，并以网页的形式提供给我们
>
> 我选择该项的理由是（单选）＿＿＿＿＿＿＿＿＿＿＿
>
> ①雅虎的速度比较慢
>
> ②雅虎搜索出的网页地址中都含有 yahoo
>
> ③雅虎主页上有很多点击就能进入网站的超级链接
>
> ④其他理由＿＿＿＿＿＿＿＿＿＿＿＿＿＿＿＿＿＿
>
> 以上均没有我认为正确的答案，我的理解是＿＿＿＿＿，因为＿＿＿＿＿

调查结果统计如表4-5所示。

表4-5　　　　　　　　目录搜索引擎的工作原理统计

第一阶选项	第二阶选项	学前		学后	
		选择人数	所占比例(%)	选择人数	所占比例（%）
A	①	7	2.24	11	4.00
	②	17	5.43	10	3.64
	③	114	36.42	102	37.09
	④	0	0	0	0
B	①	40	12.78	6	2.18
	②	6	1.92	9	3.27
	③	17	5.43	5	1.82
	④	1	0.32	0	0

续表

第一阶选项	第二阶选项	学前		学后	
		选择人数	所占比例(%)	选择人数	所占比例（%）
C	①	10	3.19	7	2.55
	②	81	25.88	76	27.64
	③	19	6.07	48	17.45
	④	1	0.32	1	0.36

可以看出，课堂教学之前，有 36.42% 的学生由雅虎主页上有很多超级链接，推断出雅虎的工作方式是：雅虎在其首页上，以超级链接的方式链接到各个网站。有接近 13% 的学生认为雅虎的速度比较慢，故而选择了"雅虎有很多员工在后台工作，当我们进行搜索时，这些员工便在网上查找相应的内容，并传到前台，继而呈现给用户"。此外，有超过 25% 的学生由雅虎搜索出的网页地址中都含有"yahoo"，推断出雅虎有自己专用的信息库。前概念调查结果统计如图 4-8 所示。

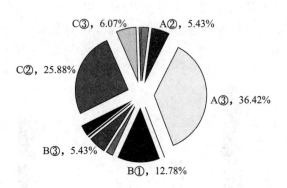

图 4-8 目录搜索引擎的工作原理前概念统计

经过课堂教学之后，有超过 37.09% 的学生选择了 A③，即认为雅虎在其首页上，以超级链接的方式链接到各个网站，理由是：雅虎主页上有很多超级链接。有 27.64% 的学生由雅虎搜索出的网页地址中都含有"yahoo"，推断出雅虎有自己专用的信息库。此外，有接近18%的学生也认为雅虎有自己专用的信息库，不过他们的理由是：雅虎主页上有很多点击就能进入网站的超级链接。学后变化调查结果统计如图4-9所示。

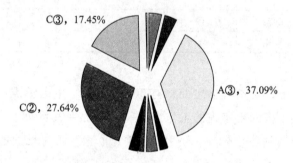

图4-9　目录搜索引擎的工作原理学后变化统计

经过课堂教学之后，前概念发生的变化主要有两处：第一，认为雅虎的速度比较慢，故而认为雅虎系人工操作的学生比例，由12.78%下降到2.18%；第二，由雅虎主页上有很多超级链接，推断出雅虎有自己专用的信息库的学生比例，由6.07%上升到17.45%。前概念及其学后变化调查结果统计如图4-10所示。

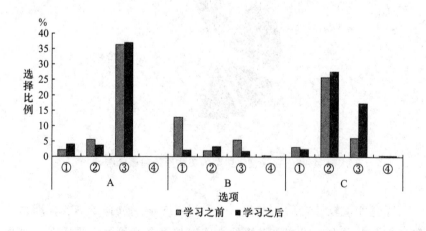

图4-10　目录搜索引擎的工作原理前概念及其学后变化

（二）信息加密学习单元

二阶选择题问卷中，共有五个题目属于信息加密学习单元，以下按照题目的顺序，逐一、客观地描述调查结果。

"明文与密文的含义"是第一个测试知识点，题目如下。

李冉即将接收一封远在德国的好友威廉的邮件，由于邮件中涉及非常重要的信息，威廉告诉李冉这封邮件可能涉及对邮件内容进行加密的问题。李冉上网查找了一些关于信息加密的知识，在查找过程中，她常常看到"明文"和"密文"两个词。

4. 你觉得"明文"和"密文"分别是什么？

我选择（单选）＿＿＿＿＿＿＿＿＿＿＿＿＿＿

A. 明文是没有隐藏的，密文是隐藏的，需要调整属性才能看到

B. 明文是公开的、无须输入密码就能看到的，密文是输入密码才能看到的

C. 明文是直接可以看懂的，密文是用事先规定好的符号表示的，不知道这些规定就看不懂

D. 在明文中，输入什么即显示什么，在密文中，输入的东西一律显示为 * 或者其他符号

我选择该项的理由是（可多选）＿＿＿＿＿＿＿＿＿＿

①在电影中看到的电报、莫尔斯电码就是一些事先规定好的符号

②在一些论坛上，一些重要的东西只有会员登录后才能看到，这些就是密文

③密文一定是很重要的，隐藏后就不会被盗取或篡改

④明文是完全公开的，密文是针对部分人公开的，密码能实现针对部分人公开

⑤密码应该是密文的一种，输入密码时一般会显示 *

⑥密文类似于 ASCⅡ 码

⑦其他理由＿＿＿＿＿＿＿＿＿＿＿＿＿＿＿＿＿＿

以上均没有我认为正确的答案，我的理解是＿＿＿＿＿＿，因为＿＿＿＿＿＿

调查结果统计如表4-6所示。

表4-6 明文与密文的含义统计

第一阶选项	第二阶选项	学前		学后	
		选择人数	所占比例(%)	选择人数	所占比例（%）
A	①	8	2.56	5	1.82
	②	19	6.07	27	9.82
	③	35	11.18	27	9.82
	④	20	6.39	17	6.18
	⑤	13	4.15	7	2.55
	⑥	9	2.88	1	0.36
	⑦	0	0	1	0.36
B	①	5	1.60	5	1.82
	②	47	15.02	49	17.82
	③	93	29.71	61	22.18
	④	114	36.42	54	19.64
	⑤	52	16.61	41	14.91
	⑥	4	1.28	5	1.82
	⑦	0	0	0	0
C	①	26	8.31	51	18.55
	②	15	4.79	7	2.55
	③	6	1.92	4	1.45
	④	5	1.60	4	1.45
	⑤	9	2.88	11	4.00
	⑥	10	3.19	75	27.27
	⑦	1	0.32	1	0.36
D	①	5	1.60	1	0.36
	②	8	2.56	13	4.73
	③	24	7.67	34	12.36
	④	14	4.47	15	5.45
	⑤	95	30.35	20	7.27
	⑥	8	2.56	6	2.18
	⑦	0	0	0	0

可以看出，课堂教学之前，有相当一部分学生认为明文是公开的、无须输入密码就能看到的，密文是输入密码才能看到的。其中，有36.42%的学生选择的理由是：明文是完全公开的，密文是针对部分人公开的，密码能实现针对部分人公开；有29.71%的学生选择的理由是：密文一定是很重要的，隐藏后就不会被盗取或篡改。此外，有超过30%的学生由密码的常见形式，推断出在明文中，输入什么即显示什么，在密文中，输入的东西一律显示为 * 或者其他符号。前概念调查结果统计如图4-11所示。

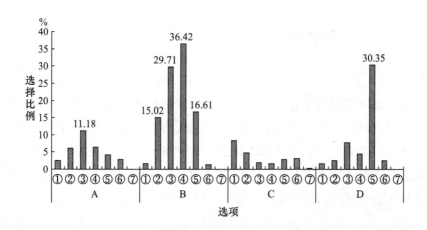

图4-11　明文与密文的含义前概念统计

经过课堂教学之后，有超过27%的学生认为密文类似于 ASCⅡ码，因此选择了：明文是直接可以看懂的，密文是用事先规定好的符号表示的，不知道这些规定就看不懂。此外，有相当一部分学生由不同的理由，推断出明文是公开的、无须输入密码就能看到的，密文是输入密码才能看到的。学后变化调查结果统计如图4-12所示。

经过课堂教学之后，前概念发生的变化主要有三处：第一，选择B③和B④的学生比例，分别由29.71%、36.42%下降到22.18%、19.64%，即认为明文是公开的、无须输入密码就能看到的，密文是输入密码才能看到的学生比例大大减少；第二，选择C①和C⑥的学

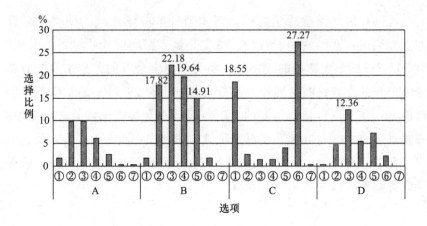

图 4 - 12　明文与密文的含义学后变化统计

生比例，分别由 8.31%、3.19% 上升到 18.55%、27.27%，即认为明文是直接可以看懂的，密文是用事先规定好的符号表示的，不知道这些规定就看不懂的学生比例大大增加；第三，由密码的常见形式，推断出在明文中，输入什么即显示什么，在密文中，输入的东西一律显示为 * 或者其他符号的学生比例由 30.35% 下降到 7.27%。前概念及其学后变化调查结果统计如图 4 - 13 所示。

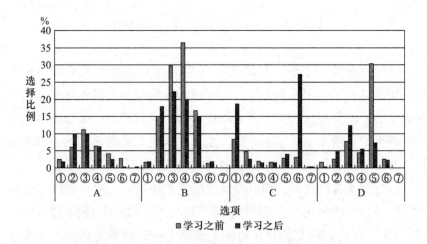

图 4 - 13　明文与密文的含义前概念及其学后变化

"信息加密的原理"是第二个测试知识点，题目如下。

---

5. 如果你是威廉，在对邮件加密的过程中，你会对邮件内容做怎样的处理？

我选择（单选）＿＿＿＿＿＿＿＿＿＿＿＿＿

A. 设置密码

B. 发私信

C. 用别人看不懂的字符代替文字

D. 设置隐藏文字

我选择该项的理由是（单选）＿＿＿＿＿＿＿＿＿＿

①如果邮件中的文字只有收件人能看懂的话，即使出现了邮件被盗取等意外，邮件中的信息也不会泄露

②私信会受到其所在网站所属大公司的保护，比较安全

③设置密码后，即使他人登录收件人邮箱或者邮件中途遭到拦截也会因为打不开邮件而不能盗取或篡改邮件中的信息

④隐藏的东西不会被盗取或篡改

⑤其他理由＿＿＿＿＿＿＿＿＿＿＿＿＿＿＿＿＿

以上均没有我认为正确的答案，我的理解是＿＿＿＿＿＿，因为＿＿＿＿＿＿

调查结果统计如表4-7所示。

表4-7　　　　　　　　信息加密的原理统计

第一阶选项	第二阶选项	学前		学后	
		选择人数	所占比例(%)	选择人数	所占比例（%）
A	①	7	2.24	4	1.45
	②	15	4.79	22	8.00
	③	106	33.87	82	29.82
	④	5	1.60	4	1.45
	⑤	2	0.64	0	0

续表

第一阶选项	第二阶选项	学前		学后	
		选择人数	所占比例（%）	选择人数	所占比例（%）
B	①	4	1.28	1	0.36
	②	66	21.09	57	20.73
	③	2	0.64	3	1.09
	④	2	0.64	0	0
	⑤	0	0	0	0
C	①	58	18.53	72	26.18
	②	1	0.32	2	0.73
	③	6	1.92	1	0.36
	④	4	1.28	0	0
	⑤	0	0	0	0
D	①	3	0.96	3	1.09
	②	2	0.64	4	1.45
	③	5	1.60	3	1.09
	④	25	7.99	17	6.18
	⑤	0	0	0	0

　　可以看出，课堂教学之前，有超过30%的学生选择了A③，即认为设置密码是对邮件加密的最佳办法，理由是：设置密码后，他人打不开邮件。有21.09%的学生由私信会受到大公司的保护，推断出发私信是最佳办法。此外，有接近19%的学生选择了C①，即认为，用别人看不懂的字符代替文字是最佳办法，理由是：他人看不懂，信息就不会泄露。前概念调查结果统计如图4-14所示。

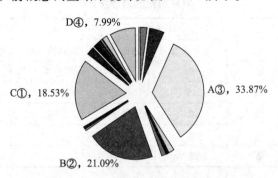

图4-14　信息加密的原理前概念统计

经过课堂教学之后，有接近30%的学生选择了A③；有超过20%的学生由私信会受到大公司的保护，推断出发私信是最佳办法。此外，有26.18%的学生选择了C①。学后变化调查结果统计如图4－15所示。

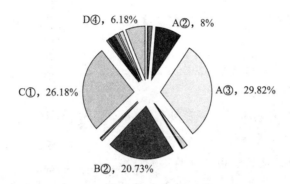

图4－15　信息加密的原理学后变化统计

经过课堂教学之后，前概念发生的变化主要有：选择C①的学生比例由18.53%上升到26.18%，即越来越多的学生认为，用别人看不懂的字符代替文字，是对邮件加密的最佳办法，理由是：如果邮件中的文字只有收件人能看懂的话，即使出现了邮件被盗取等意外，邮件中的信息也不会泄露。前概念及其学后变化调查结果统计如图4－16所示。

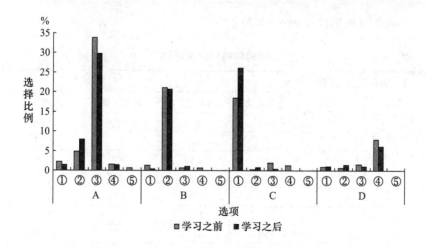

图4－16　信息加密的原理前概念及其学后变化

"密码体制的分类"是第三个测试知识点，题目如下。

经过一番查找，李冉得知，实现一次完整的"信息加密与解密"过程，通常需要由一组叫作"密钥"的东西来控制，其中负责加密的密钥称为加密密钥，负责解密的密钥叫作解密密钥。

6. 如果让你据此设计几类"信息加密与解密"的体制，你会采用何种策略？

我选择（单选）_____

A. 用数字和字母

B. 设置密码问题和解密问题

C. 用数学算法

我选择该项的理由是（单选）_____

①数字和字母可以组合出很多种可能，简便易实现

②数学课中学习过的算法可以解决这类问题

③密码问题的答案不易被遗忘，而且可以使密文的针对性、私有性很强

④其他理由_____

以上均没有我认为正确的答案，我的理解是_____，因为_____

调查结果统计如表4-8所示。

表4-8　　　　　　　　　密码体制的分类统计

第一阶选项	第二阶选项	学前		学后	
		选择人数	所占比例(%)	选择人数	所占比例（%）
A	①	108	34.50	65	23.64
	②	0	0	2	0.73
	③	6	1.92	6	2.18
	④	0	0	0	0
B	①	8	2.56	3	1.09
	②	7	2.24	7	2.55
	③	130	41.53	112	40.73
	④	1	0.32	0	0

续表

第一阶选项	第二阶选项	学前		学后	
		选择人数	所占比例（%）	选择人数	所占比例（%）
C	①	7	2.24	5	1.82
	②	40	12.78	70	25.45
	③	6	1.92	5	1.82
	④	0	0	0	0

可以看出，课堂教学之前，有34.5%的学生由数字和字母组合的多样性，而选择了A①。有超过40%的学生因为密码问题的特点，而选择了设置密码问题和解密问题。此外，有接近13%的学生因为数学课中学习过的算法，而选择了C②。前概念调查结果统计如图4-17所示。

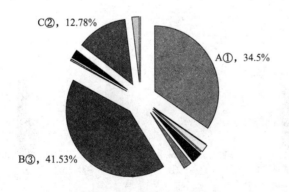

图4-17　密码体制的分类前概念统计

经过课堂教学之后，有23.64%的学生由数字和字母组合的多样性，而选择了A①。超过40%的学生因为密码问题的特点，而选择了设置密码问题和解密问题。此外，有超过25%的学生选择了C②。学后变化调查结果统计如图4-18所示。

经过课堂教学之后，前概念发生的变化主要有两处：第一，由数字和字母组合的多样性，而选择了A①的学生比例，由34.5%下降到

23.64%；第二，因为数学课中学习过的算法，而选择了 C② 的学生比例，由 12.78% 上升到 25.45%。前概念及其学后变化调查结果统计如图 4-19 所示。

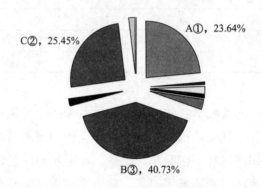

图 4-18　密码体制的分类学后变化统计

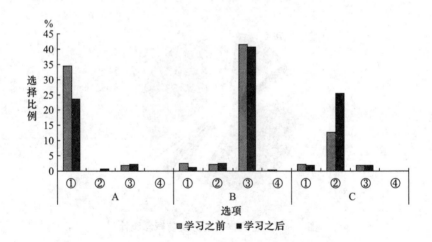

图 4-19　密码体制的分类前概念及其学后变化

"数字签名的含义"是第四个测试知识点，题目如下。

最后，威廉采用了一种叫作"数字签名"的方式。

7. 你觉得"数字签名"是什么？

我选择（单选）_____

> A. 用数字代替邮件内容
>
> B. 用数字组成的签名
>
> C. 密码
>
> D. 验证码
>
> 我选择该项的理由是（单选）＿＿＿＿＿＿＿＿＿＿＿
>
> ①验证码通常由数字组成
>
> ②即使邮件被盗取，由于其内容由数字组成，也不易被解读
>
> ③数字签名不应该破坏邮件的内容，密码不会破坏邮件的内容
>
> ④根据字面理解
>
> ⑤其他理由＿＿＿＿＿＿＿＿＿＿＿＿＿＿＿＿＿
>
> 以上均没有我认为正确的答案，我的理解是＿＿＿＿＿，因
> 为＿＿＿＿＿

调查结果统计如表4-9所示。

表4-9　　　　　　　　　　**数字签名的含义统计**

第一阶选项	第二阶选项	学前		学后	
		选择人数	所占比例（%）	选择人数	所占比例（%）
A	①	2	0.64	1	0.36
	②	64	20.45	87	31.64
	③	5	1.60	6	2.18
	④	3	0.96	5	1.82
	⑤	0	0	0	0
B	①	6	1.92	4	1.45
	②	6	1.92	5	1.82
	③	5	1.60	4	1.45
	④	63	20.13	42	15.27
	⑤	0	0	0	0
C	①	9	2.88	1	0.36
	②	9	2.88	3	1.09
	③	67	21.41	48	17.45
	④	1	0.32	4	1.45
	⑤	0	0	1	0.36

续表

第一阶 选项	第二阶 选项	学前		学后	
		选择人数	所占比例(%)	选择人数	所占比例（%）
D	①	61	19.49	51	18.55
	②	4	1.28	5	1.82
	③	2	0.64	5	1.82
	④	6	1.92	3	1.09
	⑤	0	0	0	0

可以看出，课堂教学之前，分别有20%左右的学生选择了A②、B④、C③和D①，即认为数字签名是：用数字代替邮件内容、用数字组成的签名、密码、验证码，并分别选择了与之相匹配的理由。前概念调查结果统计如图4-20所示。

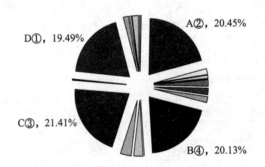

图4-20 数字签名的含义前概念统计

经过课堂教学之后，超过30%的学生由数字不易被解读，推断出数字签名是用数字代替邮件内容。有15.27%的学生根据字面理解，选择了数字签名是用数字组成的签名。此外，分别有接近18%和超过18%的学生，选择了C③和D①。学后变化调查结果统计如图4-21所示。

经过课堂教学之后，前概念发生的变化主要有：由数字不易被解读，推断出数字签名是用数字代替邮件内容，这类学生比例由20.45%上升到31.64%。前概念及其学后变化调查结果统计如图4-22所示。

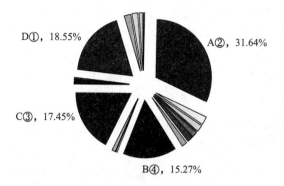

图4-21 数字签名的含义学后变化统计

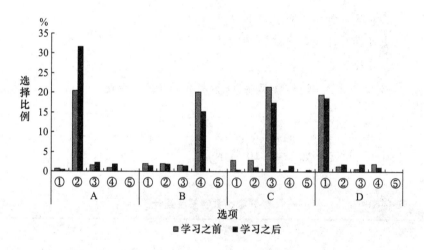

图4-22 数字签名的含义前概念及其学后变化

"基于公开密钥加密算法的数字签名的原理"（以下简称公开密钥数字签名）是第五个测试知识点，题目如下。

李冉接到邮件后，验证了该邮件确实来自威廉，并且验证了邮件内容在传输过程中并未遭到篡改。

8.如果让你设计一种对邮件内容进行处理的方法，使李冉接收到邮件后，既能验证邮件确实来自威廉，又能确定邮件内容在传输过程中未遭篡改，你会如何设计？

我选择（单选）_____

A. 在邮件内容中加入特殊暗号

B. 核实邮件的发送日期和接收日期

C. 把邮件内容拍照，再发送照片

D. 核对发件人电子邮箱地址

我选择该项的理由是（单选）_____

①根据特殊暗号可以很容易看出邮件是否来自威廉，是否被篡改过，简便易行

②图片是无法更改的

③如果邮件被篡改，发信地址会改变

④日期属于系统管理，难以人工更改

⑤其他理由_____

以上均没有我认为正确的答案，我的理解是_____，因为_____

调查结果统计如表 4 – 10 所示。

表 4 – 10 公开密钥数字签名统计

第一阶选项	第二阶选项	学前		学后	
		选择人数	所占比例（%）	选择人数	所占比例（%）
A	①	114	36.42	134	48.73
	②	5	1.60	4	1.45
	③	5	1.60	5	1.82
	④	5	1.60	2	0.73
	⑤	0	0	0	0
B	①	4	1.28	1	0.36
	②	5	1.60	5	1.82
	③	3	0.96	5	1.82
	④	67	21.41	45	16.36
	⑤	0	0	1	0.36

续表

第一阶选项	第二阶选项	学前		学后	
		选择人数	所占比例(%)	选择人数	所占比例（%）
C	①	4	1.28	5	1.82
	②	24	7.67	15	5.45
	③	2	0.64	4	1.45
	④	1	0.32	0	0
	⑤	0	0	0	0
D	①	1	0.32	1	0.36
	②	1	0.32	1	0.36
	③	70	22.36	42	15.27
	④	2	0.64	5	1.82
	⑤	0	0	0	0

可以看出，课堂教学之前，有 36.42% 的学生选择了 A①，即认为在邮件内容中加入特殊暗号，是最佳的处理方法，理由是：根据特殊暗号，可以很容易看出邮件是否来自威廉，是否被篡改过，简便易行。有超过 21% 的学生由日期属于系统管理，推断出核实邮件日期是最佳方法。此外，有 22.36% 的学生由发信地址难以更改，选择了核对发件人地址。前概念调查结果统计如图 4-23 所示。

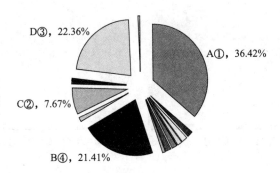

图 4-23　公开密钥数字签名前概念统计

经过课堂教学之后，有接近50%的学生选择了 A①，即认为在邮件内容中加入特殊暗号，是最佳方法，理由是：根据特殊暗号，可以很容易看出邮件是否来自威廉，是否被篡改过，简便易行。此外，分别有16.36%和15.27%的学生，选择了 B④和 D③。学后变化调查结果统计如图 4 - 24 所示。

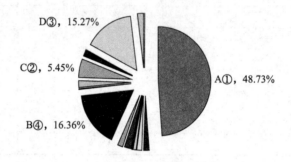

图 4 - 24   公开密钥数字签名学后变化统计

经过课堂教学之后，前概念发生的变化主要有：选择 A①的学生比例由36.42%上升到48.73%，即认为在邮件内容中加入特殊暗号是最佳方法，并选择了与之相匹配的理由，这类学生比例大大增加。前概念及其学后变化调查结果统计如图 4 - 25 所示。

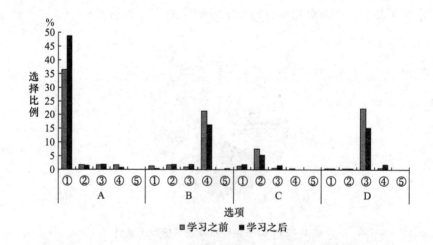

图 4 - 25   公开密钥数字签名前概念及其学后变化

(三) 资源管理器学习单元

二阶选择题问卷中，共有四个题目属于资源管理器学习单元，以下按照题目的顺序，逐一、客观地描述调查结果。

"资源管理器的作用"是第一个测试知识点，题目如下。

小轩想整理一下自己的计算机中各种各样的文件，可是看着眼前的一百多个文件，他不知从何下手了。老师建议他根据文件的不同类型，将它们存放在不同的文件夹中，并利用资源管理器对这些文件夹进行管理。

9. 你觉得资源管理器是做什么的？

我选择（单选）＿＿＿＿＿＿＿＿＿＿＿＿＿

A. 管理计算机文件的东西

B. 管理计算机系统的东西

C. 管理计算机进程、应用程序的东西

D. 计算机的 C 盘、D 盘等

我选择该项的理由是（单选）＿＿＿＿＿＿＿＿＿＿

①计算机的存储系统由资源管理器进行管理

②打开资源管理器就能看到计算机中的所有文件

③计算机中的各种资源存放在各个盘里

④日常使用计算机时按 Ctrl + Alt + Del 就能启动资源管理器并进行结束进程等操作

⑤其他理由＿＿＿＿＿＿＿＿＿＿＿＿＿＿＿＿＿

以上均没有我认为正确的答案，我的理解是＿＿＿＿＿，因为＿＿＿＿＿

调查结果统计如表 4-11 所示。

可以看出，课堂教学之前，有超过44％的学生，由打开资源管理器能看到文件，推断出它是管理计算机文件的东西。有11.5％的学生选择了 B①，即认为它是管理计算机系统的东西，理由是：计算机的存储系统由资源管理器进行管理。此外，有接近18％的学生选择了 C④，即认为它管理计算机的进程、应用程序，理由是：日常使用计

表4-11　　　　　　　资源管理器的作用统计

第一阶选项	第二阶选项	学前		学后	
		选择人数	所占比例（%）	选择人数	所占比例（%）
A	①	4	1.28	1	0.36
	②	138	44.09	86	31.27
	③	5	1.60	7	2.55
	④	6	1.92	6	2.18
	⑤	0	0	0	0
B	①	36	11.50	36	13.09
	②	4	1.28	3	1.09
	③	5	1.60	6	2.18
	④	8	2.56	1	0.36
	⑤	0	0	0	0
C	①	6	1.92	5	1.82
	②	10	3.19	5	1.82
	③	6	1.92	7	2.55
	④	56	17.89	82	29.82
	⑤	0	0	0	0
D	①	5	1.60	6	2.18
	②	4	1.28	4	1.45
	③	14	4.47	16	5.82
	④	6	1.92	4	1.45
	⑤	0	0	0	0

算机时，按 Ctrl + Alt + Del 就能启动资源管理器，并进行结束进程等操作。前概念调查结果统计如图4-26所示。

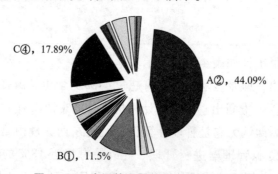

图4-26　资源管理器的作用前概念统计

经过课堂教学之后，有超过30%的学生选择了A②，即认为资源管理器管理计算机文件，理由是：打开资源管理器，就能看到计算机中的所有文件。分别有超过13%和接近30%的学生选择了B①和C④。学后变化调查结果统计如图4-27所示。

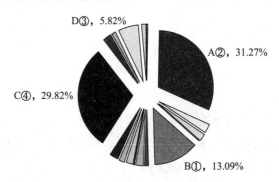

图4-27 资源管理器的作用学后变化统计

经过课堂教学之后，前概念发生的变化主要有两处：第一，由打开资源管理器就能看到文件，推断出它是管理计算机文件的东西，这类学生比例由44.09%下降到31.27%；第二，认为资源管理器管理计算机进程、应用程序，理由是：日常使用计算机时，按 Ctrl + Alt + Del 就能启动资源管理器，这类学生比例由17.89%上升到29.82%。前概念及其学后变化调查结果统计如图4-28所示。

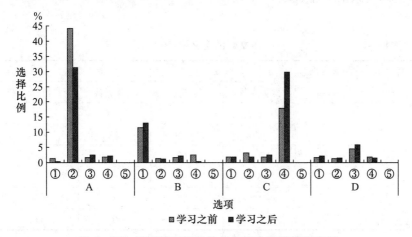

图4-28 资源管理器的作用前概念及其学后变化

"文件的含义"是第二个测试知识点，题目如下。

---

10. 你觉得计算机中的文件是什么？

我选择（单选）_____

A. 计算机的基本单位

B. 程序或者软件

C. 各种类型的图片、文字等

D. 数据

E. 信息

我选择该项的理由是（单选）_____

①计算机只认识数字（数据），这些数据的表现形式就是文件

②计算机是由各种文件组成的

③平时就把计算机中的图片、文本文档等叫文件

④计算机中的所有文件提供给我们的都是信息

⑤下载程序或软件的时候，会弹出"文件下载"的对话框

⑥其他理由_____

以上均没有我认为正确的答案，我的理解是_____，因为_____

调查结果统计如表 4-12 所示。

表 4-12 文件的含义统计

第一阶选项	第二阶选项	学前		学后	
		选择人数	所占比例（%）	选择人数	所占比例（%）
A	①	8	2.56	8	2.91
	②	43	13.74	25	9.09
	③	5	1.60	3	1.09
	④	6	1.92	0	0
	⑤	1	0.32	1	0.36
	⑥	0	0	0	0

续表

第一阶选项	第二阶选项	学前		学后	
		选择人数	所占比例(%)	选择人数	所占比例（%）
B	①	4	1.28	2	0.73
	②	6	1.92	5	1.82
	③	4	1.28	3	1.09
	④	3	0.96	8	2.91
	⑤	86	27.48	35	12.73
	⑥	0	0	0	0
C	①	3	0.96	4	1.45
	②	6	1.92	2	0.73
	③	32	10.22	33	12.00
	④	2	0.64	6	2.18
	⑤	3	0.96	2	0.73
	⑥	0	0	0	0
D	①	39	12.46	50	18.18
	②	1	0.32	7	2.55
	③	6	1.92	1	0.36
	④	6	1.92	5	1.82
	⑤	1	0.32	2	0.73
	⑥	0	0	0	0
E	①	4	1.28	2	0.73
	②	6	1.92	1	0.36
	③	3	0.96	0	0
	④	33	10.54	67	24.36
	⑤	2	0.64	3	1.09
	⑥	0	0	0	0

　　可以看出，课堂教学之前，有超过27%的学生，由题目中给出的下载经历选项，推断出文件是程序或者软件。此外，分别有10%左右的学生选择了A②、C③、D①和E④，即认为文件是：计算机的基本单位、各种类型的图片、文字等、数据、信息，并分别选择了与之相

匹配的理由。前概念调查结果统计如图 4-29 所示。

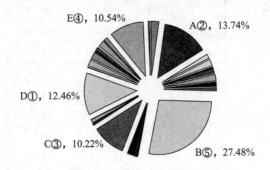

图 4-29　文件的含义前概念统计

经过课堂教学之后，有超过 18% 的学生选择了 D①，即认为文件是数据，理由是：计算机只认识数字（数据）。有 24.36% 的学生，由文件提供给我们的都是信息，推断出文件是信息。此外，分别有10% 左右的学生选择了 A②、B⑤ 和 C③，即认为文件是：计算机的基本单位、程序或者软件、各种类型的图片、文字等，并分别选择了与之相匹配的理由。学后变化调查结果统计如图 4-30 所示。

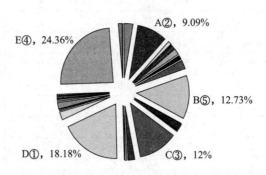

图 4-30　文件的含义学后变化统计

经过课堂教学之后，前概念发生的变化主要有两处：第一，由题目中给出的下载经历选项，推断出文件是程序或者软件，这类学生比例由 27.48% 下降到 12.73%；第二，由文件提供给我们的都是信息，推断出文件是信息，这类学生比例由 10.54% 上升到 24.36%。前概念及其学后变化调查结果统计如图 4-31 所示。

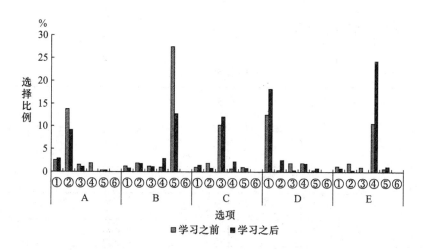

图4-31 文件的含义前概念及其学后变化

"文件名的组成"是第三个测试知识点,题目如下。

小轩采纳老师的建议,想从文件类型入手将文件进行分类,老师告诉他从文件名中的扩展名部分能分辨出文件的类型。

11. 你觉得文件名包括哪几个部分?

我选择(单选)_____

A. 用户自己命名的部分、文件类型

B. 用户自己命名的部分、文件大小、文件来源

C. 用户自己命名的部分、文件类型、修改日期

我选择该项的理由是(单选)_____

①移动鼠标到文件上,会出现类型、修改日期等

②在文件的属性中可以看到完整的文件名包括用户自己命名的部分和文件类型

③用QQ传文件成功的时候,QQ界面上显示的文件图标旁边写着文件的大小等

④其他理由_____

以上均没有我认为正确的答案,我的理解是_____,因为_____

调查结果统计如表 4 – 13 所示。

表 4 – 13 文件名的组成统计

第一阶选项	第二阶选项	学前		学后	
		选择人数	所占比例（%）	选择人数	所占比例（%）
A	①	5	1.60	1	0.36
	②	79	25.24	127	46.18
	③	1	0.32	5	1.82
	④	3	0.96	0	0
B	①	1	0.32	8	2.91
	②	5	1.60	6	2.18
	③	82	26.20	29	10.55
	④	1	0.32	1	0.36
C	①	120	38.34	84	30.55
	②	6	1.92	8	2.91
	③	9	2.88	5	1.82
	④	1	0.32	1	0.36

可以看出，课堂教学之前，有 25.24% 的学生由文件的属性界面，推断出文件名包括：用户自己命名的部分、文件类型。有 26.2% 的学生，由题目中给出的 QQ 传文件界面选项，推断文件名的构成。此外，有超过 38% 的学生选择了 C①，即认为文件名包括：用户自己命名的部分、文件类型、修改日期，理由是：移动鼠标到文件上，会出现类型、修改日期等。前概念调查结果统计如图 4 – 32 所示。

经过课堂教学之后，有超过 46% 的学生选择了 A②，即由文件的属性界面，推断出文件名包括：用户自己命名的部分、文件类型。有 10.55% 的学生，由题目中给出的 QQ 传文件界面选项，推断文件名的构成。此外，有超过 30% 的学生，由移动鼠标到文件上的反应，推断出文件名包括：用户自己命名的部分、文件类型、修改日期。学后变化调查结果统计如图 4 – 33 所示。

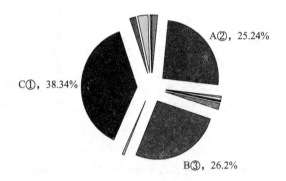

图 4 – 32　文件名的组成前概念统计

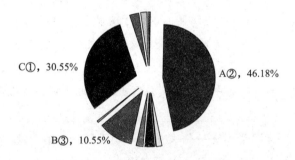

图 4 – 33　文件名的组成学后变化统计

　　经过课堂教学之后，前概念发生的变化主要有两处：第一，选择 A②的学生比例，由 25.24% 上升到 46.18%，即由文件的属性界面，推断文件名的构成，这类学生比例大大增加；第二，由题目中给出的 QQ 传文件界面选项，推断出文件名包括用户自己命名的部分、文件大小、文件来源，这类学生比例由 26.2% 下降到 10.55%。前概念及其学后变化调查结果统计如图 4 – 34 所示。

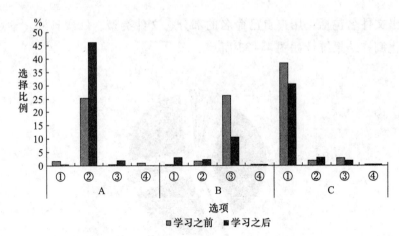

图4-34 文件名的组成前概念及其学后变化

"文件在计算机中存储的路径"是第四个测试知识点，题目如下。

经过一番努力，小轩终于将这些文件分门别类了，老师提醒他一定不要忘记文件的存放位置，以便于查找使用这些文件。

12. 假设小轩的计算机中有一个文件，文件名为"弟子规.doc"，存放在了 D 盘下的"学习资料"文件夹中的"语文"子文件夹中的"阅读资料"子文件夹中。请你试着写出这个文件的存储路径。

我选择（单选）_____

A. D——学习资料——语文——阅读资料——弟子规.doc

B. D:\学习资料\语文\阅读资料\弟子规.doc

C. 另存为，D盘，学习资料文件夹，语文文件夹，阅读资料文件夹，保存

我选择该项的理由是（单选）_____

①打开文件的顺序就是这样的

②在文件打开窗口的地址栏里会看到这行文字

③存储文件的顺序就是这样的

④其他理由_____

以上均没有我认为正确的答案，我的理解是_____，因为_____

调查结果统计如表4-14所示。

表4-14 文件在计算机中存储的路径统计

第一阶选项	第二阶选项	学前		学后	
		选择人数	所占比例（%）	选择人数	所占比例（%）
A	①	99	31.63	42	15.27
	②	8	2.56	11	4.00
	③	10	3.19	13	4.73
	④	0	0	0	0
B	①	14	4.47	6	2.18
	②	63	20.13	101	36.73
	③	24	7.67	26	9.45
	④	2	0.64	3	1.09
C	①	15	4.79	5	1.82
	②	12	3.83	6	2.18
	③	66	21.09	62	22.55
	④	0	0	0	0

可以看出，课堂教学之前，有超过30%的学生选择了A①。选择B②和C③的学生比例分别为20.13%和21.09%。前概念调查结果统计如图4-35所示。

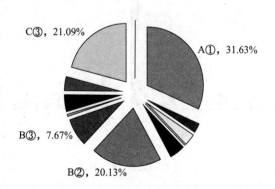

图4-35 文件在计算机中存储的路径前概念统计

经过课堂教学之后，有 15.27% 的学生选择了 A①。有超过 36% 的学生选择了 B②。此外，分别有接近 10% 和超过 22% 的学生选择了 B③和 C③。学后变化调查结果统计如图 4 - 36 所示。

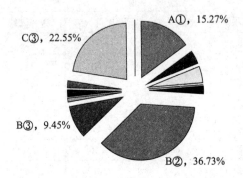

图4-36 文件在计算机中存储的路径学后变化统计

经过课堂教学之后，前概念发生的变化主要有两处：第一，选择 A①的学生比例由 31.63% 下降到 15.27%；第二，选择 B②的学生比例由 20.13% 上升到 36.73%。前概念及其学后变化调查结果统计如图 4 - 37 所示。

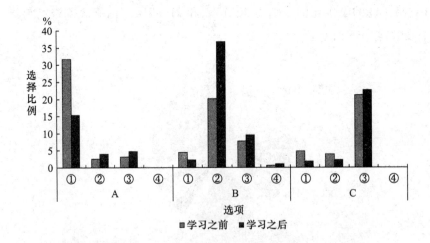

图4-37 文件在计算机中存储的路径前概念及其学后变化

（四）汉字的处理学习单元

二阶选择题问卷中，共有三个题目属于汉字的处理学习单元，以下按照题目的顺序，逐一、客观地描述调查结果。

"汉字编码的类型"是第一个测试知识点，题目如下。

> 我们在使用计算机时，必不可少的一项技能就是输入汉字。我们用手指敲动键盘，计算机显示屏上便能出现我们想输入的汉字，这个过程看起来很简单，实际上经历了较为复杂的处理过程。
>
> 13. 你觉得汉字在输入计算机的时候，在计算机内部处理的时候，以及在显示屏输出的时候，它的形式有没有发生变化？
>
> 我选择（单选）＿＿＿＿＿＿＿＿＿＿＿＿
>
> A. 由拼音到汉字
>
> B. 由计算机代码到汉字
>
> C. 由拼音到二进制数字再到可视图像
>
> 我选择该项的理由是（单选）＿＿＿＿＿＿＿＿＿＿
>
> ①一般在打字时打进去的是拼音，屏幕上显示的是汉字
>
> ②计算机只认识二进制数字，而计算机呈现给人们的汉字有颜色有字体，可以看成是图像
>
> ③汉字在计算机中用 ASC Ⅱ 码表示
>
> ④其他理由＿＿＿＿＿＿＿＿＿＿＿＿＿＿＿
>
> 以上均没有我认为正确的答案，我的理解是＿＿＿＿＿＿，因为＿＿＿＿＿＿

调查结果统计如表 4－15 所示。

表 4－15　　　　　　　　　　汉字编码的类型统计

第一阶选项	第二阶选项	学前		学后	
		选择人数	所占比例（%）	选择人数	所占比例（%）
A	①	127	40.58	80	29.09
	②	9	2.88	2	0.73
	③	1	0.32	3	1.09
	④	1	0.32	1	0.36

续表

第一阶 选项	第二阶 选项	学前		学后	
		选择人数	所占比例（%）	选择人数	所占比例（%）
B	①	5	1.60	7	2.55
	②	6	1.92	6	2.18
	③	57	18.21	71	25.82
	④	1	0.32	0	0
C	①	3	0.96	4	1.45
	②	98	31.31	91	33.09
	③	5	1.60	9	3.27
	④	0	0	1	0.36

可以看出，课堂教学之前，有超过 40% 的学生有打字的经历，选择了 A①。有 18.21% 的学生由 ASCⅡ 码推断出，汉字的形式经历了由代码到汉字的变化。此外，有超过 31% 的学生选择了 C②，即认为：汉字的形式经历了由拼音到二进制数字再到可视图像的变化，理由是：计算机只认识二进制数字，而计算机呈现给人们的汉字有颜色有字体，可以看成是图像。前概念调查结果统计如图 4-38 所示。

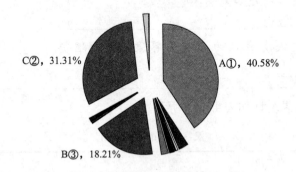

图 4-38　汉字编码的类型前概念统计

经过课堂教学之后，有接近 30% 的学生选择了 A①。有 25.82% 的学生选择了 B③，即由 ASCⅡ 码推断出，汉字的形式经历了由计算机代码到汉字的变化。有超过33%的学生选择了C②。学后变化调查结果统计如图4-39所示。

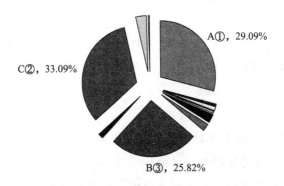

C②，33.09%

A①，29.09%

B③，25.82%

图4-39　汉字编码的类型学后变化统计

经过课堂教学之后，前概念发生的变化主要有两处：第一，由打字的经历，选择了A①的学生比例由40.58%下降到29.09%；第二，由ASCⅡ码推断出，汉字的形式经历了由计算机代码到汉字的变化，这类学生比例由18.21%上升到25.82%。前概念及其学后变化调查结果统计如图4-40所示。

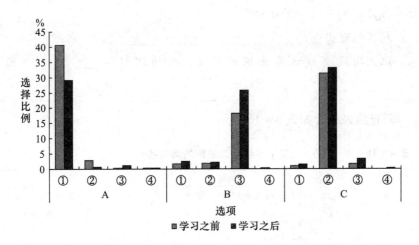

图4-40　汉字编码的类型前概念及其学后变化

"汉字转化成二进制的渠道"是第二个测试知识点，题目如下。

14. 我们知道，计算机只能识别二进制数字，那么你认为汉字是通过什么样的渠道转化成二进制的？

我选择（单选）＿＿＿＿＿＿＿＿＿＿＿＿＿＿

A. 根据汉字的笔画、面积、颜色，用0、1对汉字进行编号

B. 根据汉字的拼音，用0、1对汉字进行编号

C. 通过电流

D. 通过电脑中的字库程序

E. 汉字先变成十进制，再变成二进制

我选择该项的理由是（单选）＿＿＿＿＿＿＿＿＿＿

①相对于二进制，十进制更贴近人们的生活

②输入法软件会经常提示我们更新字库

③一般在打字时打进去的是拼音，计算机只能对其接收到的拼音进行编号

④每个汉字的编号应该是唯一的，这就需要将笔画、面积、颜色等多种因素综合起来考虑，才不会使编号重复

⑤物理课中学习过有电流通过则记为1，无电流通过则记为0，计算机可以利用这一原理编号

⑥其他理由＿＿＿＿＿＿＿＿＿＿＿＿＿＿＿＿＿＿

以上均没有我认为正确的答案，我的理解是＿＿＿＿＿，因为＿＿＿＿＿

调查结果统计如表4-16所示。

表4-16　　　　　　　　汉字转化成二进制的渠道统计

第一阶选项	第二阶选项	学前		学后	
		选择人数	所占比例（%）	选择人数	所占比例（%）
A	①	5	1.60	1	0.36
	②	2	0.64	5	1.82
	③	9	2.88	3	1.09
	④	68	21.73	59	21.45
	⑤	4	1.28	0	0
	⑥	0	0	0	0

续表

第一阶选项	第二阶选项	学前		学后	
		选择人数	所占比例（%）	选择人数	所占比例（%）
B	①	4	1.28	4	1.45
	②	3	0.96	1	0.36
	③	44	14.06	33	12.00
	④	6	1.92	6	2.18
	⑤	6	1.92	4	1.45
	⑥	1	0.32	0	0
C	①	0	0	1	0.36
	②	2	0.64	3	1.09
	③	2	0.64	2	0.73
	④	4	1.28	2	0.73
	⑤	13	4.15	16	5.82
	⑥	0	0	0	0
D	①	2	0.64	4	1.45
	②	50	15.97	49	17.82
	③	6	1.92	5	1.82
	④	8	2.56	9	3.27
	⑤	3	0.96	1	0.36
	⑥	1	0.32	0	0
E	①	46	14.70	45	16.36
	②	6	1.92	4	1.45
	③	9	2.88	3	1.09
	④	3	0.96	7	2.55
	⑤	5	1.60	7	2.55
	⑥	1	0.32	1	0.36

可以看出，课堂教学之前，有超过21%的学生选择了A④，即认为汉字转化成二进制的渠道是：根据汉字的笔画、面积、颜色，用0、1对汉字进行编号，理由是：每个汉字的编号应该是唯一的，这就需要将笔画、面积、颜色等多种因素综合起来考虑，才不会使编号重

复。有14.06%的学生，由一般在打字时，打进去的是拼音，推断出汉字转化成二进制的渠道是：根据汉字的拼音，用0、1对汉字进行编号。此外，分别有接近16%和超过14%的学生选择了D②和E①。前概念调查结果统计如图4－41所示。

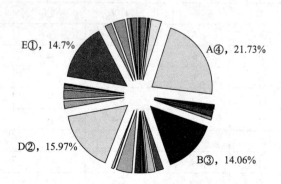

图4－41　汉字转化成二进制的渠道前概念统计

经过课堂教学之后，分别有21.45%和12%的学生选择了A④和B③。有接近18%的学生选择了D②，即由题目中给出的字库选项，推断出电脑中的字库程序，是汉字转化成二进制的渠道。此外，有超过16%的学生选择了E①，即认为汉字先变成十进制，再变成二进制，理由是：相对于二进制，十进制更贴近人们的生活。学后变化调查结果统计如图4－42所示。

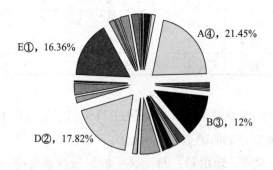

图4－42　汉字转化成二进制的渠道学后变化统计

经过课堂教学之后，前概念发生的变化并不明显。前概念及其学后变化调查结果统计如图 4 – 43 所示。

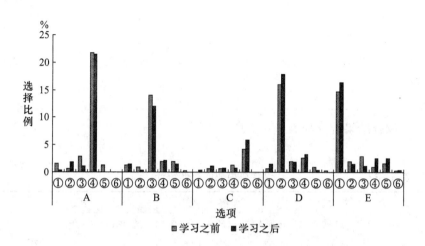

图 4 – 43　汉字转化成二进制的渠道前概念及其学后变化

"汉字机内码的存储"是第三个测试知识点，题目如下。

15. 你觉得汉字在计算机中占多大空间？

我选择（单选）＿＿＿＿＿＿＿＿＿＿＿＿＿＿＿＿＿＿＿

A. 每个汉字占两个字节

B. 每个汉字占一个字节

C. 每个字母占一个字节

D. 把汉字拆开，有几个部分就占几个字节

我选择该项的理由是（可多选）＿＿＿＿＿＿＿＿＿＿＿＿

①用五笔打字的时候，将汉字拆成几部分输进去

②新建一个文本文档，在里面输入一个汉字，关闭后看文本文档的属性就可以看出来

③用手机发短信的时候，每输入一个字，顶端的计数器就减少一个数

④一般在打字时打进去的是拼音，拼音是由字母组成的

⑤在 Word 中打两个空格，是一个汉字的位置

⑥计算机最初是外国人发明的，汉字应该先转化为字母，计算机才能处理

⑦其他理由 _____

以上均没有我认为正确的答案，我的理解是 _____，因为 _____

调查结果统计如表 4 - 17 所示。

表 4 - 17　　　　　　　　汉字机内码的存储统计

第一阶选项	第二阶选项	学前		学后	
		选择人数	所占比例(%)	选择人数	所占比例（%）
A	①	3	0.96	9	3.27
	②	25	7.99	47	17.09
	③	4	1.28	3	1.09
	④	3	0.96	9	3.27
	⑤	43	13.74	40	14.55
	⑥	5	1.60	6	2.18
	⑦	0	0	0	0
B	①	6	1.92	9	3.27
	②	9	2.88	8	2.91
	③	69	22.04	42	15.27
	④	6	1.92	5	1.82
	⑤	9	2.88	8	2.91
	⑥	2	0.64	0	0
	⑦	0	0	0	0
C	①	8	2.56	5	1.82
	②	6	1.92	7	2.55
	③	8	2.56	8	2.91
	④	42	13.42	31	11.27
	⑤	4	1.28	7	2.55
	⑥	16	5.11	19	6.91
	⑦	0	0	0	0

续表

第一阶选项	第二阶选项	学前		学后	
		选择人数	所占比例(%)	选择人数	所占比例（%）
D	①	37	11.82	42	15.27
	②	1	0.32	4	1.45
	③	8	2.56	5	1.82
	④	9	2.88	8	2.91
	⑤	4	1.28	7	2.55
	⑥	3	0.96	3	1.09
	⑦	0	0	0	0

可以看出，课堂教学之前，有超过22%的学生选择了B③，即认为每个汉字占一个字节，理由是：用手机发短信的时候，每输入一个字，顶端的计数器就减少一个数。分别有13%左右的学生选择了A⑤和C④，即认为每个汉字占两个字节、每个字母占一个字节，并分别选择了与之相匹配的理由。此外，有接近12%的学生，由题目中给出的五笔打字方法选项，推断出把汉字拆开，有几个部分就占几个字节。前概念调查结果统计如图4－44所示。

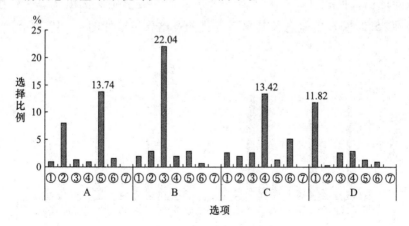

图4－44 汉字机内码的存储前概念统计

经过课堂教学之后，有超过17%的学生选择了A②，即由题目中给出的文本文档属性选项，推断出每个汉字占两个字节。分别有15%左右的学生选择了 A⑤、B③和 D①。此外，有超过 11% 的学生选择了 C④，即认为每个字母占一个字节，理由是：一般在打字时，打进去的是拼音，拼音是由字母组成的。学后变化调查结果统计如图 4 - 45 所示。

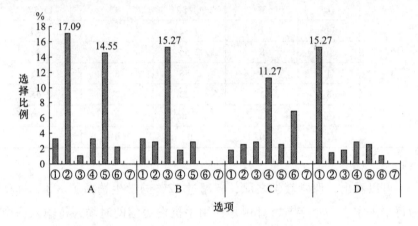

图 4 - 45　汉字机内码的存储学后变化统计

经过课堂教学之后，前概念发生的变化主要有两处：第一，由题目中给出的文本文档属性选项，推断出每个汉字占两个字节，这类学生比例由 7.99% 上升到 17.09%；第二，由题目中给出的手机短信计数器选项，推断出每个汉字占一个字节，这类学生比例由 22.04% 下降到 15.27%。前概念及其学后变化调查结果统计如图 4 - 46 所示。

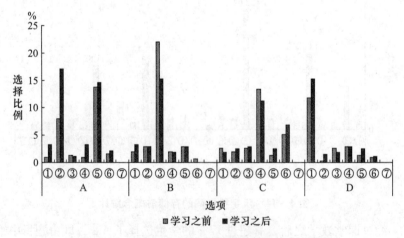

图 4 - 46　汉字机内码的存储前概念及其学后变化

（五）知识产权学习单元

二阶选择题问卷中，共有三个题目属于知识产权学习单元，以下按照题目的顺序，逐一、客观地描述调查结果。

"知识产权的含义"是第一个测试知识点，题目如下。

随着科技的发展，知识产权逐渐成为人们生活中一项重要的权利。目前，我国已经出台了一些法律法规对公民的知识产权进行保护。

16. 你觉得知识产权是什么？

我选择（单选）＿＿＿＿＿＿＿＿＿＿＿＿＿＿

A. 自己的知识或者发明，别人不可以用

B. 知识的拥有者用自己的知识来赚钱的权利

C. 学习了知识的凭证

我选择该项的理由是（可多选）＿＿＿＿＿＿＿＿

①知识要获利最直接的办法就是变为金钱

②只有有了凭证，才能证明知识是自己的

③知识产权是个人智慧的成果，应该具有私有性

④在电视上或者网络上看到的和知识产权有关的案例，都是与金钱相关的

⑤其他理由＿＿＿＿＿＿＿＿＿＿＿＿＿＿＿＿＿＿

以上均没有我认为正确的答案，我的理解是＿＿＿＿＿，因为＿＿＿＿＿

调查结果统计如表 4-18 所示。

表 4-18　　　　　　　　知识产权的含义统计

第一阶选项	第二阶选项	学前		学后	
		选择人数	所占比例（%）	选择人数	所占比例（%）
A	①	8	2.56	9	3.27
	②	9	2.88	8	2.91
	③	140	44.73	108	39.27
	④	8	2.56	6	2.18
	⑤	1	0.32	4	1.45

续表

第一阶选项	第二阶选项	学前		学后	
		选择人数	所占比例（%）	选择人数	所占比例（%）
B	①	50	15.97	55	20.00
	②	8	2.56	6	2.18
	③	7	2.24	12	4.36
	④	84	26.84	66	24.00
	⑤	3	0.96	1	0.36
C	①	7	2.24	5	1.82
	②	57	18.21	33	12.00
	③	9	2.88	7	2.55
	④	7	2.24	9	3.27
	⑤	2	0.64	0	0

可以看出，课堂教学之前，有超过44%的学生选择了A③，即认为：知识产权是自己的知识或者发明，别人不可以用，理由是：知识产权是个人智慧的成果，应该具有私有性。有26.84%的学生由知识产权案例，推断出：知识产权是知识的拥有者用自己的知识来赚钱的权利。此外，分别有接近16%和超过18%的学生选择了B①和C②。前概念调查结果统计如图4-47所示。

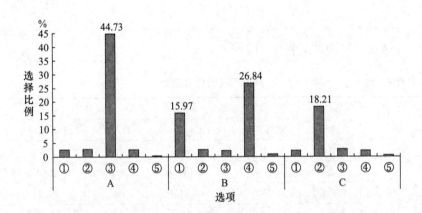

图4-47　知识产权的含义前概念统计

　　经过课堂教学之后，有接近40%的学生选择了A③。有24%的学生选择了B④。此外，有20%的学生认为，知识要获利，最直接的办法就是变为金钱，因此认为，知识产权是知识的拥有者用自己的知识来赚钱的权利。学后变化调查结果统计如图4-48所示。

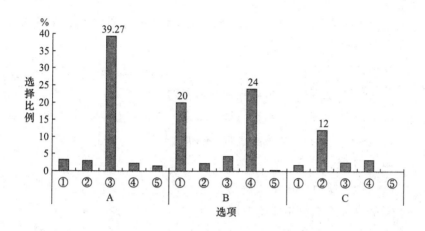

图4-48　知识产权的含义学后变化统计

　　经过课堂教学之后，前概念发生的变化并不明显。前概念及其学后变化调查结果统计如图4-49所示。

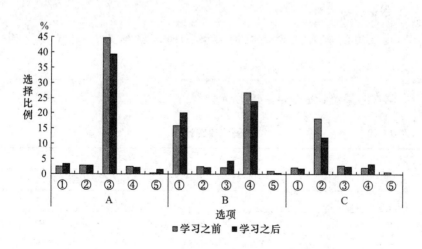

图4-49　知识产权的含义前概念及其学后变化

"著作权"是第二个测试知识点，题目如下。

我国在 1990 年第七届全国人民代表大会常务委员会第 15 次会议上通过了《中华人民共和国著作权法》，并于 2001 年及 2010 年对该法进行了两次修正。

17. 假如你要写一篇文章，在你的文章中要引用你曾经看到过的一本书中的原文，你会怎么做？

我选择（单选）_____

A. 加标注，从而说明这部分是引用的

B. 把原文的意思用自己的话写出来

C. 告知原作者，经他同意后再引用

D. 加引号

我选择该项的理由是（单选）_____

①很多书上在引用处都有标注

②原作者本人知道了，就不构成侵权了

③引号自身的含义就是"这不是我自己的，是引的别人的"

④用自己的话转述既能借用别人的思想，又免去了加标注的麻烦，还不构成侵权

⑤其他理由_____

以上均没有我认为正确的答案，我的理解是_____，因为_____

调查结果统计如表 4-19 所示。

表 4-19　　　　　　　　　　著作权统计

第一阶选项	第二阶选项	学前		学后	
		选择人数	所占比例（%）	选择人数	所占比例（%）
A	①	45	14.38	84	30.55
	②	6	1.92	4	1.45
	③	11	3.51	10	3.64
	④	4	1.28	5	1.82
	⑤	3	0.96	0	0

续表

第一阶选项	第二阶选项	学前		学后	
		选择人数	所占比例（%）	选择人数	所占比例（%）
B	①	5	1.60	1	0.36
	②	7	2.24	2	0.73
	③	9	2.88	5	1.82
	④	101	32.27	79	28.73
	⑤	0	0	0	0
C	①	4	1.28	0	0
	②	48	15.34	17	6.18
	③	7	2.24	6	2.18
	④	7	2.24	9	3.27
	⑤	1	0.32	0	0
D	①	9	2.88	1	0.36
	②	2	0.64	2	0.73
	③	39	12.46	40	14.55
	④	5	1.60	10	3.64
	⑤	0	0	0	0

可以看出，课堂教学之前，有超过14%的学生选择了加标注的方法，理由是：很多书上在引用处都有标注。有32.27%的学生选择了B④，即把原文的意思用自己的话写出来，理由是：用自己的话转述，既能借用别人的思想，又免去了加标注的麻烦，还不构成侵权。此外，分别有15.34%和12.46%的学生选择了C②和D③。前概念调查结果统计如图4-50所示。

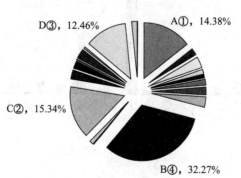

图4-50　著作权前概念统计

经过课堂教学之后，有超过30%的学生选择了A①。有接近29%的学生选择了B④。此外，有14.55%的学生选择了D③，即由引号的含义，选择了使用引号的方法。学后变化调查结果统计如图4-51所示。

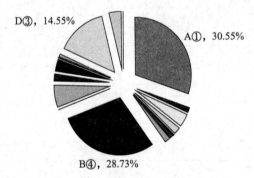

图4-51　著作权学后变化统计

经过课堂教学之后，前概念发生的变化主要有两处：第一，选择A①的学生比例由14.38%上升到30.55%，即认为加标注是最佳方法，并选择了与之相匹配的理由，这类学生比例大大增加；第二，选择C②的学生比例由15.34%下降到6.18%，即认为告知原作者是最佳方法，并选择了与之相匹配的理由，这类学生比例大大减少。前概念及其学后变化调查结果统计如图4-52所示。

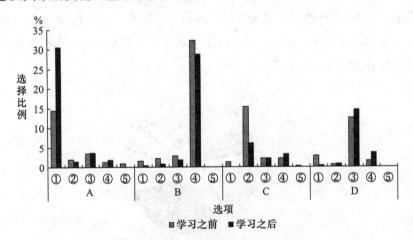

图4-52　著作权前概念及其学后变化

"专利权"是知识产权学习单元的第三个测试知识点，题目如下。

根据中华人民共和国知识产权局统计信息，截至2011年8月，我国2011年国内发明专利授权共73073项。

18. 某私营企业A今年开始投资生产一种产品，产品的名字、工序和另一家私营企业B原创并生产了10年之久的产品名字、工序是完全一样的，作为一家名声不大的私营小企业，B企业一直未对该产品申请专利、注册商标，也从未对该产品进行过广告宣传，A企业却抢先申请了专利，注册了商标。如果你是B企业的老板，你会如何做？

我选择（单选）＿＿＿＿＿＿＿＿＿＿＿＿＿＿＿＿＿

A. 从法律上讲，A企业的行为侵犯了B企业的专利权，我会提起诉讼

B. 用该产品的原工序、名字，也去相关机构申请专利，注册商标，和A企业的专利并存

我选择该项的理由是（单选）＿＿＿＿＿＿＿＿＿＿＿＿＿

①B企业是该专利的真正拥有者，可以通过法律武器来保护自己

②虽然A企业抢先申请了专利，B企业已经不可能撤销其专利，但是为了最大限度保护自己的利益，最好的办法就是去申请一个同样的专利

③其他理由＿＿＿＿＿＿＿＿＿＿＿＿＿＿＿＿＿＿

以上均没有我认为正确的答案，我的理解是＿＿＿＿＿，因为＿＿＿＿＿

调查结果统计如表4-20所示。

可以看出，课堂教学之前，有超过63%的学生选择了提起诉讼的方法，理由是：B企业是该专利的真正拥有者，可以通过法律武器来保护自己。有36.1%的学生认为，再去申请专利是最佳的处理方法，并选择了与之相匹配的理由。前概念调查结果统计如图4-53所示。

表 4 - 20   专利权统计

第一阶 选项	第二阶 选项	学前		学后	
		选择人数	所占比例（%）	选择人数	所占比例（%）
A	①	199	63.58	150	54.55
	②	1	0.32	0	0
	③	0	0	0	0
B	①	0	0	4	1.45
	②	113	36.10	121	44.00
	③	0	0	0	0

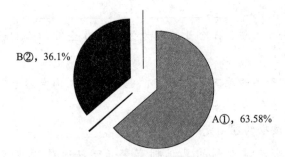

图 4 - 53　专利权前概念统计

　　经过课堂教学之后，有 54.55% 的学生认为，提起诉讼是最佳的处理方法，并选择了与之相匹配的理由。有 44% 的学生选择了再去申请专利的方法，理由是：虽然 A 企业抢先申请了专利，B 企业已经不可能撤销其专利，但是为了最大限度保护自己的利益，最好的办法就是去申请一个同样的专利。学后变化调查结果统计如图 4 - 54 所示。

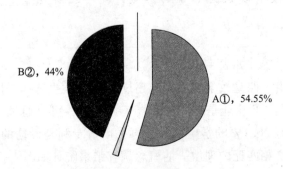

图 4 - 54　专利权学后变化统计

经过课堂教学之后，专利权前概念发生的变化并不明显。前概念及其学后变化调查结果统计如图4－55所示。

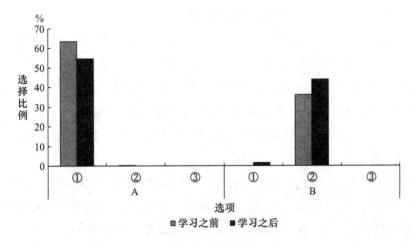

图4－55　专利权前概念及其学后变化

以上按照问卷题目的顺序，逐一、客观地描述了二阶选择题问卷调查结果，亦即探究结果：前概念及其学后变化。可以看出，课堂教学之前，学生对18个测试知识点均存在不同的前概念，经过课堂教学之后，学生对15个测试知识点的前概念发生了明显变化。对于由这些客观的结果进一步提炼出的结论，笔者将在下一节进行详细的阐述。

三　探究结论：概念类型及结构

探究结果更多是对事实的"白描"，以客观描述为主，由这些客观的结果，进一步提炼出结论，则更多的是基于事实的归纳或者演绎。因此，探究结果依托的内容，比探究结论依托的内容更加下位、具体一些。[1] 在本研究中，探究结果的得出，依托的是五个学习单元，

① McKenney S., Reeves T. C., Constructing Educational Design Research, London: Routledge, 2012: 13.

而对探究结论的描述，则需要推广到"高中学生信息技术"的范围。以下是对探究结论的阐述。①

（一）高中学生信息技术概念类型

调查出探究结果之后，笔者为学生对五个学习单元存在的主要概念进行了分类（如前所述，本研究将"概念"视为：学生对于一些内容的观点、看法。它包括前概念，及课堂教学之后，前概念变化成的新观点、看法）。以下是进行分类时，遵循的几点规则。

第一，分类时，只涉及那些在问卷调查中，所占比例较高的选项组合，即学生主要概念及其理由。

第二，同一概念由于不同的理由，可以被分到不同的类型，所以在分类时，以"概念及其理由"为单位。少数概念及其理由可以被分到多种类型，但是本研究只将其分到一种最主要的类型中。

第三，有些概念及其理由，是符合或者基本符合高中水平的科学理解的，本研究将它们分到一种独立的类型中：（基本）科学。

五个学习单元主要概念类型表见附录7。以下以搜索引擎学习单元为例，对其进行展示。

表4-21　五个学习单元主要概念类型表示例（搜索引擎学习单元）

概念类型	知识点	概念	理由
（基本）科学	目录搜索引擎的使用方法	B. 在雅虎中点击"天气"，再选择相应地点进行查找	①自己输入关键词会出现一些无关信息
	目录搜索引擎的使用方法	B. 在雅虎中点击"天气"，再选择相应地点进行查找	③雅虎有专门的天气预报专栏，这样搜索更直接快捷
张冠李戴	目录搜索引擎的使用方法	A. 在雅虎搜索框中输入"安徽省黄山市天气"进行查找	②百度等搜索引擎是这么用的
以偏概全	全文搜索引擎的工作原理	C. 网民在百度上发帖回帖，百度从这些帖子中寻找我们所需要的信息	④百度知道就是这样的

① 王靖、董玉琦：《概念转变视域下的概念类型及结构研究——基于 CTCL 的信息技术学科学习心理研究（4）》，《远程教育杂志》2015 年第 1 期。

续表

概念类型	知识点	概念	理由
由表及里	全文搜索引擎的工作原理	A. 百度以超级链接的方式链接到各个网站,并以词条的方式记录这些网站,当我们进行搜索时,百度便能根据这些词条列出网站	①百度搜索出的结果基本上都是其他网站的内容,且每条搜索结果下都会给出网站的网址
	全文搜索引擎的工作原理	A. 百度以超级链接的方式链接到各个网站,并以词条的方式记录这些网站,当我们进行搜索时,百度便能根据这些词条列出网站	②百度的搜索结果中,与用户输入的关键词匹配的词条通常都会以红色标记出来
	目录搜索引擎的工作原理	A. 雅虎在其首页上,以超级链接的方式链接到各个网站,我们进入雅虎直接点击自己需要的网站即可	③雅虎主页上有很多点击就能进入网站的超级链接
	目录搜索引擎的工作原理	C. 雅虎有自己专用的信息库,当我们进行搜索时,雅虎在这个信息库里查找相应的内容,并以网页的形式提供给我们	②雅虎搜索出的网页地址中都含有 yahoo
性质使然	全文搜索引擎的工作原理	B. 百度有自己专用的信息库,这个信息库由百度聘请各领域的专家共同建设,当我们进行搜索时,百度在这个信息库里查找相应的内容,并以网页的形式提供给我们	③百度的速度这么快,说明信息库是自己的,百度只需要进自己公司的局域网就能把信息找到
	目录搜索引擎的工作原理	B. 雅虎有很多员工在后台工作,当我们进行搜索时,这些员工便在网上查找相应的内容,并传到前台,继而呈现给用户	①雅虎的速度比较慢

可以得出，概念类型主要有六种：（基本）科学、张冠李戴、以偏概全、由表及里、性质使然、生活推理。对于这些概念类型的结构特征、结构类型及外显行为，笔者将结合概念结构，在后文进行详细的阐述。

（二）高中学生信息技术概念结构

得出概念类型之后，笔者依据这些概念、理由及其类型，利用 Inspiration7.6Intl（辅以 Microsoft Word 2010），制作了由这些概念构成的图形，即五个学习单元学生概念图。同时，为了对比需要，笔者依据测试知识点内容陈述表，利用 Inspiration7.6Intl，制作了符合高中水平的科学理解的图形，即五个学习单元科学概念图。以下是制作概念图时遵循的几点规则。

第一，制作概念图时，只涉及那些在问卷调查中，所占比例较高的，且除（基本）科学之外的，其他概念、理由及其类型。

第二，对于不同的概念类型，制作概念图时，标记为不同的形状；对于不同层次的概念，制作概念图时，标记为不同的颜色。

1. 不同概念类型的结构特征、结构类型及外显行为

对比科学概念图及学生概念图，可以得出那些除（基本）科学之外的，其他概念类型的结构特征，以下简称概念类型结构特征。

搜索引擎学习单元概念类型结构特征如表4－22所示。

表 4－22　　　　搜索引擎学习单元概念类型结构特征

概念类型	结构特征
张冠李戴	将连接错误移位到了本领域的同级相关内容上
以偏概全	与下属内容引申出的概念建立了多余的连接
由表及里	与"表现形式"类的内容引申出的概念建立了多余的连接
性质使然	与"性质"类的内容引申出的概念建立了多余的连接

搜索引擎学习单元科学概念图、学生概念图如图4－56、图4－57所示。

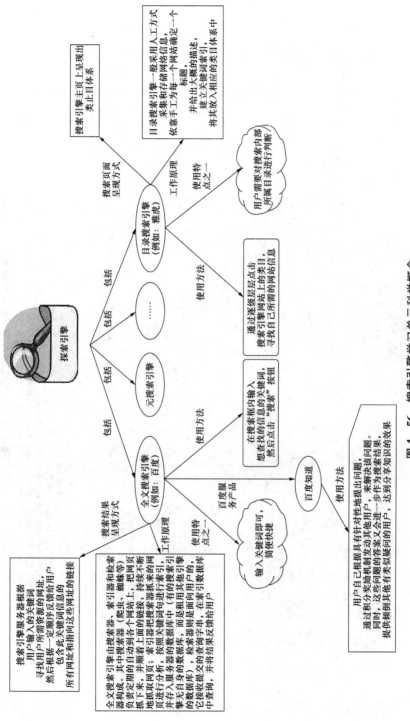

图 4-56　搜索引擎学习单元科学概念

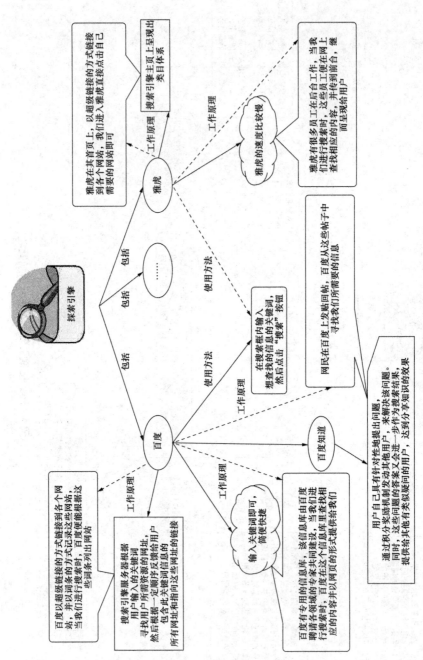

图4-57　搜索引擎学习单元学生概念

汉字的处理学习单元概念类型结构特征如表4－23所示。

表4－23　　　　　汉字的处理学习单元概念类型结构特征

概念类型	结构特征
张冠李戴	将连接错误移位到了本领域的同级相关内容上；与其他领域内容建立了多余的连接
由表及里	与"表现形式"类的内容引申出的概念建立了多余的连接；缺少一些起到中介作用的分支
性质使然	与"性质"类的内容引申出的概念建立了多余的连接
生活推理	与生活常识内容建立了多余的连接

汉字的处理学习单元科学概念图、学生概念图如图4－58、图4－59所示。

资源管理器学习单元概念类型结构特征如表4－24所示。

表4－24　　　　　资源管理器学习单元概念类型结构特征

概念类型	结构特征
张冠李戴	将连接错误移位到了本领域的同级相关内容上；与本领域的无关内容建立了多余的连接；与其他领域内容建立了多余的连接
以偏概全	将下属内容错误移位到了上位
由表及里	缺少一些起到中介作用的分支

资源管理器学习单元科学概念图、学生概念图如图4－60、图4－61所示。

信息加密学习单元概念类型结构特征如表4－25所示。

表4－25　　　　　信息加密学习单元概念类型结构特征

概念类型	结构特征
张冠李戴	与本领域的无关内容建立了多余的连接
由表及里	与"表现形式"类的内容建立了多余的连接
性质使然	与具有同样性质的其他内容建立了多余的连接
生活推理	与生活常识内容建立了多余的连接

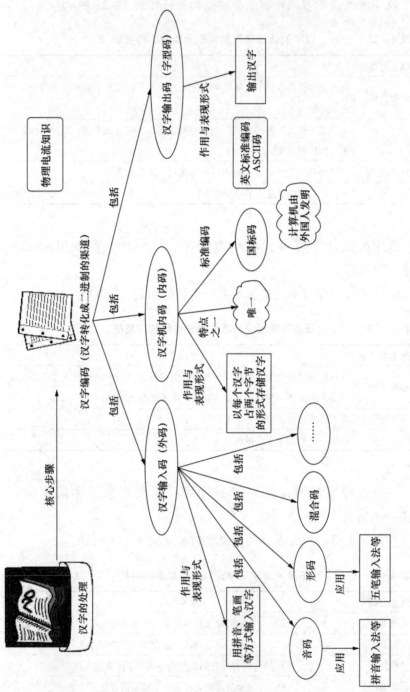

图 4 – 58　汉字的处理学习单元科学概念

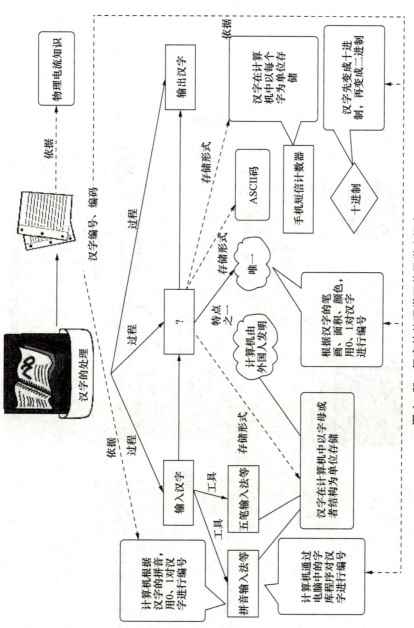

图 4 - 59 汉字的处理学习单元学生概念

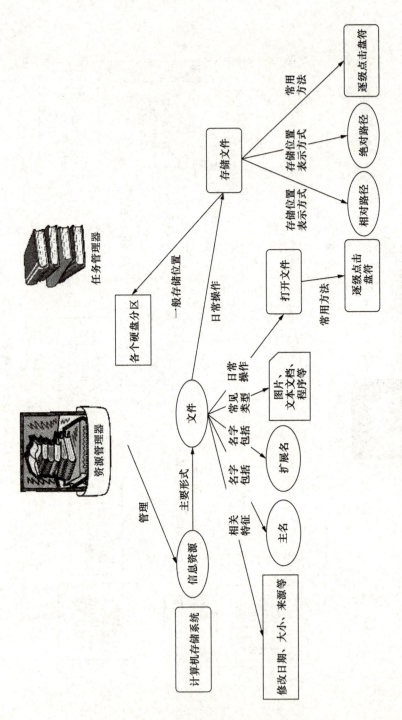

图 4－60　资源管理器学习单元科学概念

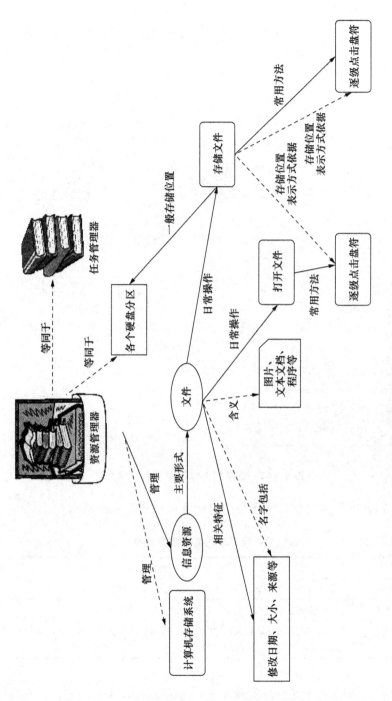

图4－61　资源管理器学习单元学生概念

信息加密学习单元科学概念图、学生概念图如图 4 – 62、图 4 – 63 所示。

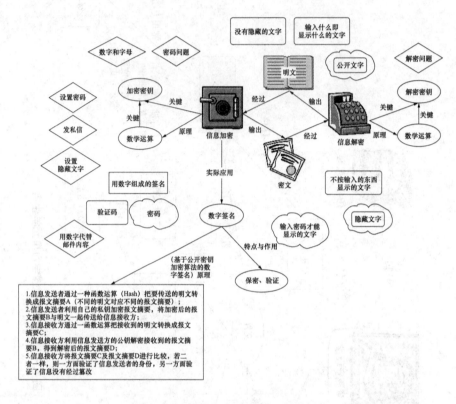

图 4 – 62　信息加密学习单元科学概念

知识产权学习单元概念类型结构特征如表 4 – 26 所示。

表 4 – 26　　　　　　知识产权学习单元概念类型结构特征

概念类型	结构特征
由表及里	与"表现形式"类的内容引申出的概念建立了多余的连接
性质使然	与"性质"类的内容引申出的概念建立了多余的连接
生活推理	与生活常识内容建立了多余的连接；与由生活经验引申出的概念建立了多余的连接

知识产权学习单元科学概念图、学生概念图如图 4 – 64、图 4 – 65 所示。

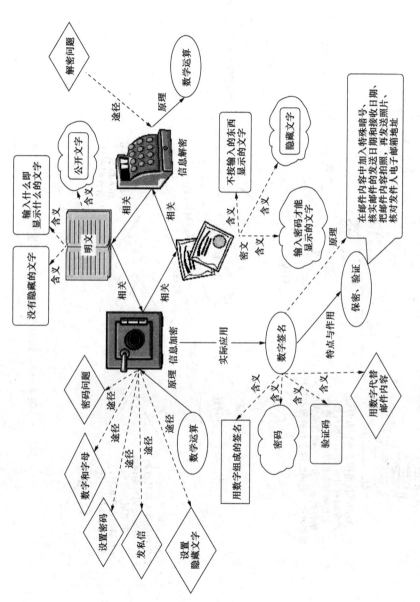

图 4 – 63　信息加密学习单元学生概念

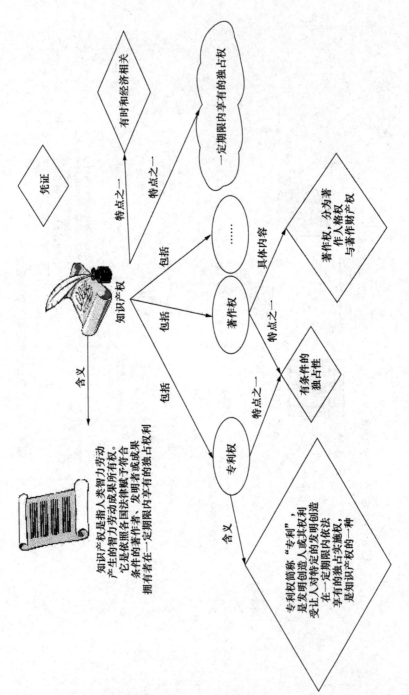

图 4－64　知识产权学习单元科学概念

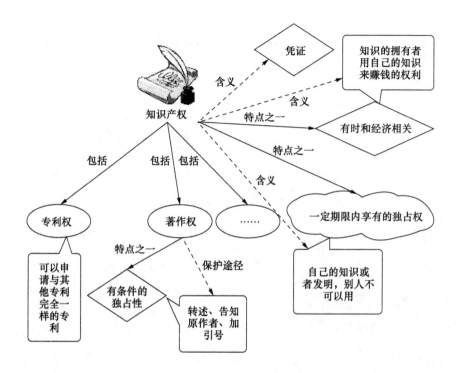

图4-65　知识产权学习单元学生概念

　　得出不同概念类型的结构特征之后，笔者依据这些特征，结合之前的三位教师的指导，分析了不同概念类型的结构类型、外显行为。值得一提的是，各种结构类型之间，并不是对立的，例如连接线位置错误，往往也同时存在分支欠缺的情况，但是本研究只列出了每种概念类型对应的最主要的结构类型。

　　不同概念类型的结构特征、结构类型及外显行为如表4-27所示。

表4-27　　　不同概念类型的结构特征、结构类型及外显行为

概念类型	结构特征	结构类型	外显行为
（基本）科学		分支欠缺，但是现有分支比较合理	对于教学内容，能够用自己熟悉的语言来表达自己的理解（最典型的是常常用自己的词汇有规律地去取代术语），理由虽然不充分，但是表达出的理解与科学概念比较接近

续表

概念类型	结构特征	结构类型	外显行为
张冠李戴	将连接错误移位到了本领域的同级相关内容上	连接线位置错误	对于教学内容，借助本领域、其他领域内容来表达自己的理解，表达出的内容与科学概念形似而意远
	与本领域的无关内容建立了多余的连接；与其他领域内容建立了多余的连接	分支多余	
以偏概全	将下属内容错误移位到了上位	连接线位置错误	对于教学内容，借助其下属内容及其引申出的内容来表达自己的理解，表达出的内容小于而不等于科学概念
	与下属内容引申出的概念建立了多余的连接	分支多余	
由表及里	与"表现形式"类的内容建立了多余的连接；与"表现形式"类的内容引申出的概念建立了多余的连接	分支多余	对于教学内容，借助其表现形式及其引申出的内容等表面现象来表达自己的理解，表达出的内容触及了科学概念的某些表面特征而没有切入科学概念的核心
	缺少一些起到中介作用的分支	分支欠缺	
性质使然	与"性质"类的内容引申出的概念建立了多余的连接；与具有同样性质的其他内容建立了多余的连接	分支多余	对于教学内容，借助其性质引申出的内容、具有同样性质的内容来表达自己的理解，表达出的内容触及了科学概念的某些特征而没有切入科学概念的核心
生活推理	与生活常识内容建立了多余的连接；与由生活经验引申出的概念建立了多余的连接	分支多余	对于教学内容，借助生活常识、由生活经验引申出的内容来表达自己的理解，表达出的内容与科学概念有关而意远

2. 高中学生信息技术概念的体系化程度

得出不同概念类型的结构特征、结构类型及外显行为表之后，笔者依据该表及五个学习单元学生概念图，结合之前的三位教师的指导，得出了学生概念图是体系化的，具体来说，学生概念图的体系化程度有以下三方面。

第一，由五个学习单元学生概念图，可以得出，对于高中信息技术学科，学生概念图是体系化的。

第二，在这些体系化的图形中，有一些多余的分支，这些分支的内容，在科学概念图中，或者不出现，或者是零星的碎片，或者是由科学概念图中的内容引申出的概念。

第三，这些引申出的概念，是通过一定的推理得出的，推理过程有些较简单、直接，有些相对来说较复杂。

四　小结：对研究问题一、问题二的解答

前概念测试工具开发完成之后，本研究采用该工具，探究了高中学生信息技术前概念及其学后变化，在此基础上，得出了高中学生信息技术概念类型及结构。本章对此进行了阐述。以下结合研究问题做简要总结。

针对本研究第一个方面的研究问题：高中学生信息技术前概念及其学后变化，本章得出了：对于五个学习单元的 18 个测试知识点，学生存在的前概念及课堂教学之后，这些前概念发生的变化。从而解答了两个子问题：高中学生信息技术前概念及其学后变化。具体来说，包括两个子问题：对于高中信息技术学科中，本研究涉及的五个学习单元的内容，学生存在哪些前概念？课堂教学之后，这些前概念发生了什么变化？

针对本研究第二个方面的研究问题：高中学生信息技术概念类型及结构，本章得出了：高中学生信息技术六种概念类型：（基本）科学、张冠李戴、以偏概全、由表及里、性质使然、生活推理，及其结

构特征、结构类型、外显行为；并得出了：对于高中信息技术学科，学生概念图是体系化的，以及体系化程度。从而解答了两个子问题：对于高中信息技术学科，学生头脑中的概念有哪些类型？学生概念图是体系化的还是碎片化的？

第五章　促进高中学生信息技术
概念转变的支架构建

Nejla 在其文章中指出，诸多研究已经表明，即使是在正式教学之后，那些和科学概念不同的前概念，也很难改变。[1] 由经过课堂教学之后，五个学习单元的前概念发生的变化，可以看出，这在高中信息技术学科中，也得到了印证。因此，促进概念转变的教学策略研究是必要的。本研究选择了建构主义者基于 Vygotsky 的"最近发展区"理论开发的支架（scaffold，又译"脚手架"）教学策略，[2] 来促进高中学生信息技术概念转变。本章对促进概念转变的支架构建进行阐述。[3]

一　构建思路

Wood 等首次在教育领域中，借用建筑学术语"支架"，将其定义为：同事、成年人或者有成就的人，在他人学习时，所给予的帮助和支持。[4] 在欧洲共同体"远距离教育与训练项目"中，将支架定义

① Nejla Y. ür. ük, "The Effect of Supplementing Instruction with Conceptual Change Texts on Students' Conceptions of Electrochemical Cells", *Journal of Science Education Technology*, 2007 (16): 515 – 523.

② Holton D., Clarke D., "Scaffolding and Metacognition", *International Journal of Mathematical Education in Science and Technology*, 2006, 37 (2): 127 – 143.

③ 王靖、董玉琦：《概念转变视域下的概念类型及结构研究——基于 CTCL 的信息技术学科学习心理研究（4）》，《远程教育杂志》2015 年第 1 期。

④ Wood D., Bruner J. S., Ross G., "The Role of Tutoring in Problem Solving", *Journal of Child Psychology and Psychiatry*, 1976 (17): 89 – 100.

为："为学生理解知识而提供的一种概念框架。"① 在本研究中，"支架"意为：基于学生的前概念，辅助学生实现概念转变的教学策略，从狭义上讲，支架表现为，基于不同的、引起认知冲突的方法的各类教学形式；从广义上讲，支架表现为，具有完整操作流程的策略层面的教学过程。

具体来说，这种教学策略的构建，包括"内核构建"和"操作框架构建"两个部分。如前所述，在概念转变教学策略研究中，引发认知冲突的方法，是很多研究者关注的。"方法"也是本研究中支架的第一个核心要素。同时，研究者指出，产生认知冲突，并不意味着概念转变一定发生，还需要让学生彻底意识到前概念的不足。② 对前概念的审视，即"反思"是本研究中支架的第二个核心要素。Jonassen等指出，当代大部分概念转变研究者，都强调在概念重组中情境的重要作用。他们认为，概念转变更多的是对镶嵌在不同情境中的概念来说的。③ 情境也是本研究中支架的第三个核心要素。三个核心要素构成了支架内核。支架应用到课堂教学中的时候，为了保证支架的正常运转，本研究分析了形式、内容两个运行要素，以及支架的操作流程。两个运行要素及操作流程，构成了支架操作框架。

二 内核构建：方法、反思、情境

在内核构建部分，本研究分析了方法、反思、情境三个核心要素。值得一提的是，在本研究中，方法建立在概念类型之上，概念类型的得出，则建立在对学生、学习内容、前概念的分析之上。对于概

---

① 韩吉义：《基于 web 的助学支架研究与设计》，硕士学位论文，内蒙古师范大学，2008 年。

② She H. C", Liao Y" W. , "Bridging Scientific Reasoning and Conceptual Change through Adaptive Web－based Learning", *Journal of Research in Science Teaching*, 2010, 47 (1)：99－119.

③ Jonassen D. 等著：《学会用技术解决问题——一个建构主义者的视角》（第二版），任友群、李妍、施彬飞译，教育科学出版社 2007 年版。

念类型的得出，笔者在前文已经进行了详细的阐述，此处不再赘述。

（一）方法

Wiser 等提出，每一类概念，都有复杂的构成，但是总有一些因素是关键的，只要从这些关键的因素入手，就可以找到合适的、引起认知冲突的方法。[①] 本书尝试从不同概念类型，及其结构特征、结构类型、外显行为入手，分析了与每种概念类型对应的方法。以下是进行分析时遵循的几点规则。

第一，分析时，只涉及方法范畴的描述，如"给出文字描述"，而不涉及形式范畴的描述，如"给出提示语气的文字描述"。

第二，在本书中，不同的方法决定了不同的支架类型，因此本研究涉及五类支架。

第三，方法要素设计表中，对于不同概念类型的结构特征、结构类型、外显行为，不再列出。

方法要素设计如表 5 - 1 所示。

（二）反思

Gardner 在《未受学科训练的心智》一书中写道："迈向真正理解的可行之道，……是使他们清楚认识过去的模式和错误概念。"[②] 这或许能够解释，为何产生认知冲突之后，还需要让学生彻底意识到前概念的不足。DiPietro 等在其文章中指出，有意识地、主动地反思一个人的观点，会导致概念转变。[③] Hiebert 等甚至直接提出，概念转变的关键在于反思。[④] 本书分析了两种反思，尝试使学生通过不同角度，彻底意识到前概念的不足。

① Wiser M., Smith C. L., "Learning and Teaching about Matter in Grade K - 8: When Should the Atomic - Molecular Theory be Introduced? In: Vosniadou S, eds. International Handbook of Research on Conceptual Change", New York/ London: Routledge, 2008: 205 - 239.

② Gardner H. 著:《未受学科训练的心智》，张开冰译，学苑出版社 2008 年版。

③ DiPietro K., Walker A., Examining Pedagogical Belief Changes in Teacher Education, http: //www. lehigh. edu/ ~ kad9/Portfolio/P_ Beliefs_ submission. pdf, 2013 - 07 - 02.

④ Hiebert J., Carpenter T. P., Learning and Teaching with Understanding. In: Grouws D A, eds. Handbook of Research in Mathematics Teaching and Learning, New York: MacMillan, 1992: 65 - 100.

表 5－1　方法要素设计

概念类型	方法	支架类型	设计原则	例子			
				知识点	概念	理由	应用
张冠李戴	对比法	对比支架	对于可操作的事物，引导学生通过操作对混淆的事物进行对比；对于可观察的事物，引导学生通过观察对混淆的事物进行对比；对于抽象的事物，给出文字描述，引导学生通过阅读文字描述对混淆的事物进行对比	目录搜索引擎的使用用方法	A. 在雅虎搜索框中输入"安徽省黄山市天气"进行查找	②百度等搜索引擎是这么用的	引导学生观察雅虎和百度搜索引擎；引导学生操作雅虎和百度搜索引擎；引导学生对百度和雅虎搜索引擎进行对比
以偏概全	发现法	发现支架	对于可操作的事物，引导学生通过操作发现除概念之外的其他可能性；对于可观察的事物，引导学生通过观察发现除概念之外的其他可能性	文件的含义	C. 各种类型的图片、文字等	③平时就把计算机中的图片、文本文档等叫做文件	引导学生观察多种文件；引导学生发现除了图片、文本文档之外的文件类型
由表及里	澄清法	澄清支架	对于可观察的事物，引导学生通过澄清表象与本质之间的逻辑；对于抽象的事物，给出文字描述，引导学生按照文字描述澄清表象与本质之间的逻辑	知识产权的含义	B. 知识的拥有者用自己的知识赚钱的权利	④在电视上或者网络上看到的和知识产权有关的案例，都是和金钱相关的	给出知识产权的文字描述，引导学生澄清金钱与知识产权之间的逻辑关系

续表

概念类型	方法	支架类型	设计原则	例子			
				知识点	概念	理由	应用
性质使然	推理法	推理支架	给出文字描述，引导学生按照文字描述推理性质，在文字描述中找到实现这种性质的手段	明文与密文的含义	A. 明文是没有隐藏的，密文是隐藏，需要调整属性才能看到	③密文一定是很重要的，隐藏后就不会被盗取或篡改	给出明文与密文的文字描述；引导学生按照文字描述推理密文的保密性；引导学生在文字描述中找到实现上述两种性质的手段
生活推理	过渡法	过渡支架	由学生的前概念出发，过渡到与前概念不同的科学概念	汉字转化成二进制的渠道	E. 汉字先变成十进制，再变成二进制	①相对于二进制，十进制更贴近人们的生活	从十进制出发，计算机识别的二进制和汉字是如何通过编码——对应起来的

第一，自我反思。转变学习理论强调，当人们遇到了和自己的前概念不同的观点，他们倾向于通过检查自己的前概念，来排除矛盾。因此，当产生认知冲突之后，引导人们去反思，能够帮助他们变得更加开放，更加愿意改变自己的前概念。[①] 自我反思也是本研究中第一类反思。在这种反思中，要引导学生从自身经历出发，对自己的某些前概念进行反思。

第二，同伴评审。Sinatra 等强调了学生的意识在概念转变中的作用，学生通过有意识的反思，来实现概念转变，及控制学习。[②] 对此，Hatano 等认为，完全依靠学生主动反思，是不现实的，概念转变需要教师或者同伴的辅助。[③] 同伴辅助下的反思，即同伴评审是本研究中第二类反思。在这种反思中，引导学生站在旁观者的角度，对"他人"的某些前概念进行评审。同伴评审又分为两类：一类是真实同伴，即引导学生互相交流，对对方的某些前概念进行评审；另一类是虚拟同伴，即呈现"他人"的某些前概念，引导学生对这些前概念进行评审。

（三）情境

情境认知理论强调，情境的主要作用有两个：第一，将学习任务与学生的原有经验联系起来；第二，促进知识、技能与经验的联系。[④] 研究表明，学生在日常生活中熟悉的经历，通常是激发其前概念的最

---

① Choy S. , "Transformational Learning in the Workplace", Journal of Transformative Education, 2009, 7（1）: 65 - 84.

② Sinatra G. M. , Pintrich P. R. , The Role of Intentions in Conceptual Change Learning. In: Sinatra G M, Pintrich P R, eds. Intentional Conceptual Change, Mahwah, NJ: L Erlbaum, 2003: 1 - 25.

③ Hatano G. , Inagaki K. , When is Conceptual Change Intended? A Cognitive Sociocultural View. In: Sinatra G M, Pintrich P R, eds. Intentional Conceptual Change, Mahwah, NJ: L Erlbaum, 2003: 407 - 427.

④ Choi J. I. , Hannafin Michael, "Situated Cognition and Learning Environments: Roles, Structures, and Implications for Design", Educational Technology Research and Development, 1995（43）: 53 - 69.

佳情境。① 激发前概念的情境（以下简称激发情境），也是本书中第一类情境。

有研究者认为，情境和内容具有密不可分的联系。② 信息技术学科中内容，有些属于工具、活动级别的，有些属于思想级别的。③ 其中，工具、活动级别的内容，一般较为直观，能够通过操作、观察等方式体验，直观情境也是本研究中第二类情境；思想级别的内容，一般较为抽象，不易通过直观方式体验，针对这种内容，本研究采用类比，类比情境也是本研究中第三类情境。

情境要素设计如表5-2所示。

表5-2　　　　　　　　　　情境要素设计

情境	设计原则
激发情境	情境中涉及的事物，能够激发学生的兴趣，使学生产生共鸣，能够激发学生头脑中的前概念
直观情境	情境中涉及的事物，是和学生的直观感受相联系的，比如能够通过操作、观察等方式体验
类比情境	情境中涉及的事物，和抽象的知识之间是类比等关系，使学生在熟悉的场景中，对抽象知识有一个间接的认识

三　操作框架构建：形式、内容、流程

在操作框架构建部分，本书分析了形式、内容两个运行要素，以及支架的操作流程。尽管构建思路总体遵循了由"要素"到"流程"

---

① Zhang Zhihui Helen, Linn Marcia C. , "Can Generating Representations Enhance Learning with Dynamic Visualizations", *Journal of Research in Science Teaching*, 2011, 48（10）: 1177 - 1198.

② 钟志贤、刘春燕：《论学习环境设计中的任务、情境与问题概念》，《电化教育研究》2006年第3期。

③ 钟柏昌、李艺：《信息技术课程内容组织的三层架构》，《电化教育研究》2012年第5期。

的顺序，但是操作流程的呈现，能够使运行要素的分析过程更加易懂。因此，在呈现运行要素的分析过程之前，首先呈现操作流程。

（一）操作流程

何克抗认为，除了搭建支架环节之外，实施支架教学策略的主要环节还包括：进入情境、独立探索、协作学习、效果评价。[①] 这为本研究中的操作流程提供了较为宏观的指导。在此基础上，结合"促进概念转变"的目标，本研究从知识整合理论出发，对独立探索、协作学习环节，进行了较为微观的分析。

Linn 等将学生的前概念和新知识、科学知识的整合，视为学生对知识理解的最佳状态，称之为"知识整合"（Knowledge Integration，KI）。并认为，在教学中，可以通过四个过程来促进知识整合：第一，激发前概念；第二，添加新知识；第三，辨析观点；第四，分类、重新组织观点。[②] 在本研究中，独立探索、协作学习环节，并不具有严格的先后顺序，本研究将其视为"利用支架学习"环节。该环节包括三个步骤。

第一，呈现激发情境，引导学生表达自己对情境涉及话题的观点。

第二，根据学习内容，基于学生的前概念，呈现直观情境或类比情境；根据学生的概念类型，有针对性地采用不同的方法，学生在这些方法的引导下，通过独立探索、协作学习，获取新知识。认知冲突在这个步骤中，经历了产生、得到初步解决的过程。如前所述，不同的方法决定了不同的支架类型，因此，哪些支架得到了采用，在这个步骤中，也得到了体现。

第三，引导学生对前概念进行反思。通过反思，彻底意识到前概念的不足。

---

① 何克抗：《建构主义的教学模式、教学方法与教学设计》，《北京师范大学学报》（社会科学版）1997 年第 5 期。

② Keisha Varma, Linn Marcia C., "Using Interactive Technology to Support Students' Understanding of the Greenhouse Effect and Global Warming", *Journal of Science Educational Technology*, 2012（21）：453 - 464.

总体来说，操作流程如下。

环节一：对学生进行前测，基于学生的前概念，构建支架。

环节二：利用支架学习。呈现激发情境，意味着支架开始启用；反思结束，便撤去支架。

环节三：引导学生利用新知识，解决某些问题，或者完成某些任务，从而在环节二，学生彻底意识到前概念的不足的基础上，强化科学观点，完全实现概念转变。

环节四：对学生进行后测。

值得一提的是，利用支架学习环节，是操作流程的一部分，即为了保证支架应用到课堂教学中的时候，能够正常运转，本研究中的操作流程，比从"开始启用支架"到"撤去支架"的过程，略长一些。

（二）形式、内容

Choi 等认为，有意义的言语交流，是提升学生元认知水平，进而提升学生知识建构水平的重要途径，知识建构则能促进学生的领域知识获得，从而进一步提升有意义的言语交流水平，如图 5－1 所示（笔者对该图的名称做了改动）。[①]

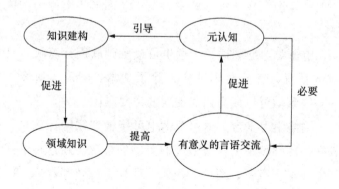

图 5－1　有意义的言语交流、元认知等循环作用框架

---

① Choi Ikseon, Land Susan M., Turgeon Alfred J., "Scaffolding Peer – Questioning Strategies to Facilitate Metacognition during Online Small Group Discussion", *Instructional Science*, 2005, 33: 483 – 511.

可以看出，该图呈现出一个循环的状态，对于初学者，其领域知识的匮乏，直接或者间接导致了其他三方面的欠缺，从而进一步导致领域知识的匮乏，由此，该图陷入了一个恶性循环中，这也是为何Choi 等在原文中，将该图称为"元认知两难"。Choi 等将有意义的言语交流，作为突破口，试图通过有意义的言语交流，达到促进元认知的目标（笔者删除了该图中的这一部分）。

尽管元认知并非本研究的研究点，但是有意义的言语交流对知识建构，及领域知识的促进作用，是不容忽视的。有意义的言语交流，也是本研究中，支架的形式、内容设计的基本原则。本研究在该原则的指引下，分析了两个运行要素。

1. 形式

支架的形式，是学生可接触到的信息资源能够实现的，这是保证有意义的言语交流的前提。受到学科地位等现实因素的影响，信息技术课堂教学中，学生可接触到的信息资源有很大的地区、学校差异。[①]

本研究尝试采用分层设计，分析了三种"形式"。

第一，纸质学习册。适用于学生可接触到联网计算机，但是计算机性能一般的情况。在这种形式中，文本、图形、图像为构成支架的主要媒体。

第二，电子学习册。适用于学生可接触到联网计算机，且计算机性能较好的情况。在这种形式中，除了文本、图形、图像之外，声音、动画、视频均可以成为构成支架的主要媒体。

第三，网络学习平台。适用于学生可接触到联网计算机，且计算机性能较好，能够满足平台对系统的要求的情况。在这种形式中，可以考虑开发文本、声音、图形、图像、动画、视频等媒体，内嵌可视化交互实验、学习共同体交流界面等智能模块的平台。

值得一提的是，分析"形式"时，只涉及信息技术课堂教学中，学生可接触到的主要信息资源——计算机。此外，信息资源并不是决

---

① 刘向永、谢建、蔡耘等：《农村初中学生信息素养现状的调查与分析》，《现代教育技术》2008 年第 8 期。

定支架形式的唯一因素，学生偏好等也是在设计支架形式时，需要考虑的。

2. 内容

在本研究中，对于支架的内容来说，有意义的言语交流体现在：内容本身对学生来说，是有意义的，内容能够引导学生之间，学生和教师之间，进行有意义的言语交流。本研究从风格、角色、语气三个方面，分析了"内容"。

第一，风格。如前所述，在本研究中，支架是辅助学生实现概念转变的。在本研究中，学生处在高中低年级阶段，风格宜活泼、简约。活泼的表现如：在考虑学习内容、认知负荷的前提下，多用动态媒体，多用彩色等；简约的表现如：多用短句，多引导学生探究等。

第二，角色。采用贴近学生生活的真实、虚拟角色，引导学生学习。

第三，语气。陈述语气主要用于对客观事实的陈述中，疑问语气主要用于对学生进行提示，祈使语气主要用于对学生进行建议，感叹语气主要用于对前概念等进行评价。其中，后三种语气，是提倡多用的。

综上，本章对"内核构建"和"操作框架构建"两个部分进行了阐述。值得一提的是，本研究中的支架，旨在基于学生的前概念，辅助学生实现概念转变。学生在支架的引导下，产生认知冲突，初步解决冲突，彻底意识到前概念的不足。而强化科学观点，完全实现概念转变，则发生在撤去支架之后。对于此，笔者在操作流程分析中，已经进行了详细的阐述。

第六章　促进高中学生信息技术
概念转变的支架检验

　　佘晓清在其文章中指出，过去的几十年里，教育研究者对学生的前概念、概念转变教学策略，进行了大量研究，然而，关于概念转变教学策略的实证，仍然是匮乏的。[①] 在本研究中，促进概念转变的支架构建，是在理论层面，对支架要素与操作流程的上位把握。在实践层面，依托具体内容的支架构建、效果检验，是对理论的实证。本章对促进概念转变的支架检验进行阐述。

一　检验细则

　　促进概念转变的支架构建完成之后，笔者对山东省某高中一年级一个普通班级的44名学生，进行了单组前后测前实验。从教学质量及信息技术课程开设的情况角度区分，这所学校是其所在市区中一般的学校。笔者与该班信息技术教师商议，确定了以还未经过课堂教学的"资源管理器"学习单元为教学内容，并进一步确定了一些细则如表6-1所示。检验步骤遵循支架的操作流程。

　　值得一提的是，相比单组前后测前实验，尽管在心理实验的角度，有些实验类型，如实验组—对照组前后测等，可能更为科学，但

---

① She H. C. , "Facilitating Changes in Ninth Grade Students' Understanding of Dissolution and Diffusion through DSLM Instruction", *Research in Science Education*, 2004（34）: 503 – 525.

是，教学是一个各种变量综合作用的系统，[①] 对各组只操纵教学策略变量，控制其他变量，是不现实的。尤其是在真实教学中，只操纵教学策略，让其他变量不随之变动，是很难做到的。因此，在本研究中，没有设置对照组。

表 6 - 1　　　　　　促进概念转变的支架检验细则

事项	描述
自变量	促进概念转变的支架
因变量	开放式二阶问卷测试成绩
检验方法	配对样本的 t 检验
假设检验的显著性水平 α	0.05
零假设	H0：经过教学之后，对于特定知识点（对于此，笔者将在后文进行详细的阐述），后测均值在 0.05 水平上，与前测均值没有显著性差异。
备择假设	H1：经过教学之后，对于特定知识点（对于此，笔者将在后文进行详细的阐述），后测均值在 0.05 水平上，显著高于前测均值
步骤	1. 确定测试知识点，形成开放式二阶问卷。教学实施之前两周，对学生进行前测。基于学生的前概念，构建支架。 2. 实施教学。引导学生利用支架学习。 3. 引导学生利用新知识，解决问题。 4. 教学实施之后两周，对学生进行后测。

二　资源管理器支架构建及教学

确定了教学内容、时间之后，本研究遵循支架的操作流程，对资源管理器学习单元支架进行了构建及检验。为了使各部分比例适中，

[①] Gagne R. M. 等著：《教学设计原理》，皮连生、庞维国等译，华东师范大学出版社1999 年版。

以下在呈现检验步骤时，对操作流程的四个环节，进行了适当的拆分、组合。

（一）前测

经过与该班信息技术教师商议，笔者决定，为了确保教学的精细程度，涉及知识点的数量，要少于真实教学中涉及知识点的数量。最终，本研究确定了5个知识点作为测试内容：资源管理器的作用、文件的含义、文件名的组成、文件在计算机中存储的路径、文件夹的作用。

借鉴本研究在前概念测试工具开发时设计的题目，形成了开放式二阶问卷。以"资源管理器的作用"为例，题目如下。

> 小轩想整理一下自己的计算机中各种各样的文件，可是看着眼前的一百多个文件，他不知从何下手了。老师建议他根据文件的不同类型，将它们存放在不同的文件夹中，并利用资源管理器对这些文件夹进行管理。
>
> 你觉得资源管理器是做什么的？
>
> 为什么？

教学实施之前两周，本研究利用信息技术课堂时间，对学生进行前测。由于在本研究中，检验方法为配对样本的 t 检验，因此前后测均为记名测试。前测发放问卷44份，鉴于题目较少，且为现场测试，填答质量较高，回收有效问卷44份。值得一提的是，对于这些学生来说，按照正常的课程进度，资源管理器是即将学习的内容，该班信息技术教师强调，这些学生在前测结束之后的两周，基本不会刻意对该学习单元进行学习。

前测结束之后，笔者对其结果进行了统计分析，对学生给出的答案进行分类。得出了所占比例较高的，且除（基本）科学之外的，其他概念、理由及其类型。通过前测，发现对于"文件在计算机中存储的路径"，大部分学生没有给出任何答案；对于"文件夹的作用"，大部分学生都能填答出正确的答案。这两类知识点，都不适合检验概念转变教学策略。因此，本研究确定了教学涉及的知识点：资源管理器的作用、文件的含义、文件名的组成。

学生对三个知识点的前概念状况如下。

对于资源管理器的作用，大部分学生将资源管理器和进程管理器混淆，并给出了各种经验理由。

对于文件的含义，大部分学生将自己熟悉的类型的文件，视为"文件"这一术语的全部，给出的理由通常较为直观。

对于文件名的组成，大部分学生由各种经历，去推断文件名的组成规范。

针对学生的前概念的初步分析如下。

"资源管理器的作用"这一知识点，较为抽象，对于该知识点，学生的概念类型主要是张冠李戴。对于"文件的含义"这一知识点，学生能够理解到表层，但是绝大多数学生，概念类型是以偏概全。很多学生对于"文件名的组成"这一知识点，概念类型为由表及里。基于学生的前概念，本研究依据前文阐述的方法、反思、情境设计原则，构建了支架核心要素，结合教学环境等因素，明确了支架运行要素。对于此，笔者将在后文"支架构建"部分中直接结合纸质学习册呈现。

此外，本研究提出了三个零假设和三个备择假设。

三个零假设如下：

H0A：经过教学之后，对于"资源管理器的作用"，后测均值在0.05水平上，与前测均值没有显著性差异。

H0B：经过教学之后，对于"文件的含义"，后测均值在0.05水平上，与前测均值没有显著性差异。

H0C：经过教学之后，对于"文件名的组成"，后测均值在0.05水平上，与前测均值没有显著性差异。

三个备择假设如下：

H1A：经过教学之后，对于"资源管理器的作用"，后测均值在0.05水平上，显著高于前测均值。

H1B：经过教学之后，对于"文件的含义"，后测均值在0.05水平上，显著高于前测均值。

H1C：经过教学之后，对于"文件名的组成"，后测均值在 0.05 水平上，显著高于前测均值。

（二）支架构建

该班信息技术教师指出，教学在学校机房实施，机房内有 50 台联网计算机，经过对这 50 台计算机的配置、教学内容、学生信息素养等综合考虑，本研究决定采用纸质学习册的形式。

1. 激发情境

依据激发情境设计原则，设计如下：

计算机桌面大清理

我们的问题：凌乱的计算机桌面

你是否也经常看到这样的电脑桌面？

在日常生活中，你或者你周围的人的电脑桌面是整齐的还是凌乱的？

你一般如何管理你的桌面？

现在，请和你身边的同学一起聊聊这几个问题吧！

2. 新知识、反思

如前所述，对于"资源管理器的作用"这一知识点，学生的概念类型主要是张冠李戴。对于"文件的含义"这一知识点，学生能够理解到表层，但是绝大多数学生，概念类型是以偏概全。很多学生对于"文件名的组成"这一知识点，概念类型为由表及里。基于学生的前概念，设计方法、反思、情境等如下。

你看到上面的桌面，会不会感觉很不舒服？就像一个干净整洁的屋子能够让人感觉很舒服一样，我们在日常生活中，也要把计算机里的东西收拾得有条不紊，那么，我们应该如何做到这一点呢？（承接"激发前概念"环节中"凌乱的计算机桌面"）

寻找途径：我们需要做什么？

◇　生活中的类似情形：（类比情境）

假设现在我们要收拾一间凌乱的屋子，屋子里杂乱摆放着下列物品：

笔、玩具、衬衫、巧克力、书籍、尺子、瓜子、橡皮、裙子

现在，我们有三个储物箱，我们要把上面的东西收拾到这三个储物箱中，你会怎么做？请和你身边的同学一起完成这项任务吧！

储物箱1：请写下你要放在里面的东西！	储物箱2：请写下你要放在里面的东西！	储物箱3：请写下你要放在里面的东西！

现在，你已经把物品收拾好了对不对？接下来，我们完成下一个任务：给三个储物箱贴上标签！请按照你自己的想法，给三个储物箱的标签命名吧！

储物箱1　标签：	储物箱2　标签：	储物箱3　标签：

现在，你已经对储物箱贴上了标签，完成了任务！

让我们回忆一下，在刚才收拾物品的过程中，我们都做了什么？

不管我们按照什么规律把这些物品收到三个储物箱中的：

首先，我们都需要知道每件物品是什么，对吗？

其次，我们按照自己的想法给这些物品分了类，并把它们装到三个储物箱中。

最后，我们按照自己的分类依据，给三个储物箱贴了标签。

◇　认识一些新东西

收拾屋子里的物品和收拾计算机中的东西是相似的，在最终完成我们的任务之前，我们先来认识一些新东西。

∨　各种各样的文件

刚刚收拾物品时，我们首先需要知道每件物品是什么。在计算机中，物品就类似于"文件"。

正如我们在收拾物品时，每件物品都有自己的名字，从而使我们知道"每件物品是什么"一样，每个文件也会有自己不同的名字哟！现在，请在计算机中任意找五个文件，看看它们的名字吧！（直观情境）

> 请记录下文件的名字，并根据你的理解甚至是猜测这个文件是用来做什么（例如：歌曲、图片等）的吧！
>
> 我找到的第一个文件的名字是_____，它是_____文件；
>
> 我找到的第二个文件的名字是_____，它是_____文件；
>
> 我找到的第三个文件的名字是_____，它是_____文件；
>
> 我找到的第四个文件的名字是_____，它是_____文件；
>
> 我找到的第五个文件的名字是_____，它是_____文件。

你发现什么了吗？每个文件的名字，都由几部分构成？（澄清法）

在收拾物品的时候，我们按照自己的想法给这些物品分了类，其实文件也有不同的类型。刚才你找到的五个文件中，在填写"它是_____文件"时，你都填写了什么？这是不是说明你找到的文件也属于相同或者不同的类型？（发现法）

有的文件是歌曲类的，有的文件是图片类的，有的文件是文本类的……这些文件类型下，又有很多很多的小类型，这就构成了各种各样的文件。

（以此为界，当学生完成之前的部分，再分发下面部分的资料）

人的名字都由姓和名组成，其中姓来自家族，而名呢，则是人为确定的。文件的名字也是相似的道理哟！

> 文件名的组成
>
> 文件名通常由主名和扩展名组成，中间用"."隔开，其中主名可以由使用者自行确定，扩展名则用来标识文件的类型。

现在，请回到刚才你们找到的那五个文件，和你身边的同学一起说出这些文件的名字中，哪一部分是扩展名，好吗？（直观情境）

√　我来做老师（虚拟同伴评审）

对于文件名的组成，有些同学给出了一些很有趣的理解。现在我们来做一回小老师，对这些同学进行一下指导，好吗？

> 你觉得文件名包括哪几个部分？
>
> 答案：用户自己命名的部分、文件大小、文件来源。
>
> 理由：在文件信息上看到的。
>
> 答案：用户自己命名的部分、文件类型、修改日期。
>
> 理由：鼠标移上去就能看到了。

上面的两种答案都是大家依靠自己在日常生活中使用计算机的过程中发现的现象推断出的，很奇妙的视角，很好的推断！

但是同时，这些理解又是存在偏差的，请你告诉他们，他们的理解存在哪些问题？

√　文件到底有什么用处

我们已经初步认识了文件，但是文件到底有什么作用呢？

原来，文件是信息的载体，计算机中的信息都是用文件来存储的！所以在我们从事获取、加工、表达等所有和计算机信息相关的信息处理活动时，都离不开文件哦！

> 文件的含义
>
> 计算机中的文件是用文件名来标识的一组相关信息的集合体，计算机中的信息通常是以文件的形式在存储器中保存的。文件是数字化资源的主要存在形式，也是人们管理计算机信息的重要方式。

对于文件的作用，你身边的同学以前有过什么样的认识？你觉得他们的这些认识存在哪些问题？现在就请和你身边的同学聊聊这个话题，好吗？（真实同伴评审）

√ 资源管理器

在收拾屋子里的物品的时候，我们是通过自己的双手直接接触物品来管理完成的，我们知道，计算机中也有很多"物品"，即信息资源，这些信息的载体当然就是文件了。那么在计算机中，会不会也有这样一种能够直接接触文件的"手"呢？

在计算机中，有一种叫作资源管理器的东西，就是这样一双能够直接对文件进行管理的手。

> 资源管理器
>
> 资源管理器是 Windows 系统提供的信息资源管理工具，它采用目录树实现目录管理，使我们能更方便、更清楚、更直观地管理和查找文件。

在收拾屋子里的物品的时候，我们将物品装在了储物箱中，在资源管理器对文件进行管理时，也有这样一种"储物箱"，那就是文件夹。

有趣的是，计算机中有种和资源管理器有点相似的东西，叫作进程管理器，在知道如何使用资源管理器管理计算机中的资源之前，请大家按动 Ctrl + Alt + Del 键，看看这个很容易和我们今天的主角混淆的东西，好吗？（对比法）

对于资源管理器的作用，你以前有过什么样的认识？经过学习之后，这些认识现在有了什么样的变化？现在就请和你的同伴聊聊这个话题吧！（自我反思）

3. 解决问题

撤去支架之后，要引导学生利用新知识，解决某些问题。设计如下：

解决问题：收拾凌乱的桌面

还记得那个凌乱的计算机桌面吗？

现在，我们已经具备了可以解决这个问题的所有基础知识了，接下来，大家在老师的指导下，和同伴一起收拾凌乱的计算机桌面，好吗？

（三）教学、后测

支架构建完成之后，本研究实施了教学，教学时间为30分钟。在教学中，基本没有对学生平时的信息技术教室做调整，但在教室中架设了一台摄像机。

教学实施之后两周，本研究利用信息技术课堂时间，对学生进行后测。发放问卷44份，鉴于题目较少，且为现场测试，填答质量较高，回收有效问卷44份。

为了进行配对样本的t检验，笔者对开放式二阶问卷制定了赋分规则如表6-2所示。

表6-2　　　　　　　　开放式二阶问卷赋分规则

得分	答案
3	正确答案及其匹配理由（理由无绝对正确，有道理即可）
2	正确答案及与其不匹配的理由
1	错误答案及其匹配理由
0	其余

三　检验结果

后测结束之后，笔者对其结果进行了统计分析，对前后测成绩进行了配对样本的t检验。以下逐一、客观地描述调查结果。

（一） 资源管理器的作用

"资源管理器的作用" 检验结果如表 6 – 3 所示。

表 6 – 3　　　　　　　资源管理器的作用配对样本统计量

		均值	N	标准差	均值的标准误
资源管理器的作用	前测	1.1364	44	0.97863	0.14753
	后测	2.0682	44	0.66114	0.09967

可以看出，经过教学之后，对于 "资源管理器的作用"，后测均值约为 2.07，前测均值约为 1.14，后测均值高于前测均值。

表 6 – 4　　　　　　　资源管理器的作用配对样本 t 检验结果

		成对差分					t	df	Sig.（双侧）
		均值	标准差	均值的标准误	差分的95%置信区间				
					下限	上限			
资源管理器的作用	前测—后测	– 0.93182	0.87332	0.13166	– 1.19733	– 0.66631	– 7.078	43	0.000

配对样本的 t 检验结果显示：t 统计量的显著性（双侧）概率为 0.000，小于 0.05，由此得出，经过教学之后，对于 "资源管理器的作用"，后测均值在 0.05 水平上，显著高于前测均值。由此，本研究拒绝零假设 H0A，接受备择假设 H1A。

（二） 文件的含义

"文件的含义" 检验结果如表 6 – 5 所示。

表 6 – 5　　　　　　　文件的含义配对样本统计量

		均值	N	标准差	均值的标准误
文件的含义	前测	1.5455	44	1.10925	0.16723
	后测	2.2273	44	0.85898	0.12950

可以看出，经过教学之后，对于"文件的含义"，后测均值约为2.23，前测均值约为1.55，后测均值高于前测均值。

表 6 – 6　　　　　　文件的含义配对样本 t 检验结果

		成对差分					t	df	Sig. （双侧）
		均值	标准差	均值的 标准误	差分的 95% 置信区间				
					下限	上限			
文件的 含义	前测— 后测	−0.68182	1.36011	0.20504	−1.09533	−0.26831	−3.325	43	0.002

配对样本的 t 检验结果显示：t 统计量的显著性（双侧）概率为0.002，小于0.05，由此得出，经过教学之后，对于"文件的含义"，后测均值在0.05水平上，显著高于前测均值。由此，本研究拒绝零假设 H0B，接受备择假设 H1B。

（三）文件名的组成

"文件名的组成"检验结果如表6 – 7所示。

表 6 – 7　　　　　　文件名的组成配对样本统计量

		均值	N	标准差	均值的标准误
文件名的组成	前测	1.7273	44	0.62370	0.09403
	后测	2.6136	44	0.65471	0.09870

可以看出，经过教学之后，对于"文件名的组成"，后测均值约为2.61，前测均值约为1.73，后测均值高于前测均值。

表 6 – 8　　　　　　文件名的组成配对样本 t 检验结果

		成对差分					t	df	Sig. （双侧）
		均值	标准差	均值的 标准误	差分的 95% 置信区间				
					下限	上限			
文件名 的组成	前测— 后测	−0.88636	1.01651	0.15325	−1.19541	−0.57732	−5.784	43	0.000

配对样本的 t 检验结果显示：t 统计量的显著性（双侧）概率为 0.000，小于 0.05，由此得出，经过教学之后，对于"文件名的组成"，后测均值在 0.05 水平上，显著高于前测均值。由此，本研究拒绝零假设 H0C，接受备择假设 H1C。

四　对研究问题三的解答

从"内核"和"操作框架"两个部分，本研究构建了促进概念转变的支架，实现了对支架要素与操作流程的上位把握。之后，本研究以资源管理器学习单元为依托，构建了该学习单元支架，并进行了检验，实现了对理论的实证。即针对本研究第三个方面的研究问题：促进高中学生信息技术概念转变的教学策略，以上两章得出了如何构建促进概念转变的支架，从而解答了该研究问题。

结　　语

一　研究成果

本研究选取概念转变作为研究视角，在"学习是概念的转变"这种学习理解的指引下，对"高中学生的信息技术学习"这一话题进行探索。研究围绕"概念转变"这一核心内容，首先利用自行开发的前概念测试工具，探究了高中学生信息技术前概念及其学后变化，实现了对学生概念转变的客观理解，基于探究结果，深入剖析了高中学生信息技术概念类型及结构，完成了探究结论的提炼与升华；在此基础上，构建了促进概念转变的支架，实现了在理论层面对支架要素与操作流程的上位把握，最后，在实践层面，完成了依托具体内容的支架构建、效果检验。

研究主要由四个部分构成。

第一，开发了高中学生信息技术前概念测试工具。

依据本研究改进的二阶诊断测试，经过四个阶段，十个步骤，开发了前概念测试工具。该工作涉及的调查样本，覆盖全国3个省（直辖市）9所学校18个班级的1019位学生。最后形成了：涉及五个学习单元，涵盖18个测试知识点，包含18个题目，克隆巴赫 α 系数为0.82，测量模型中各指标的因子负荷 t 值均大于2，测量模型的卡方与自由度的比值为2.56，RMSEA 为0.07，CFI 为0.92，NNFI 为0.91，即信效度良好的二阶选择题问卷。

第二，探究了高中学生信息技术前概念及其学后变化。

利用第一部分工作的成果，探究了前概念及其学后变化。该工作涉及的调查样本，覆盖全国6个省（直辖市、自治区）12所学校12个班级的639位学生。探究得出了如下结果及结论。

（1）对于五个学习单元的18个测试知识点，学生存在70组所占比例较高的前概念及相应理由，并得出了课堂教学之后，这些前概念及相应理由所发生的变化。

（2）高中学生在信息技术学习中，存在六种概念类型：（基本）科学、张冠李戴、以偏概全、由表及里、性质使然、生活推理。通过制作五个学习单元的学生概念图、科学概念图，得出了所有概念类型的结构特征、结构类型、外显行为。并得出了：对于高中信息技术学科，学生概念图是体系化的，以及体系化程度。

第三，构建了促进高中学生信息技术概念转变的支架。

从"内核"和"操作框架"两个部分，构建了促进概念转变的支架。其中，在内核构建部分，本研究分析了方法、反思、情境三个核心要素。具体来说，设计了六类方法：对比法、发现法、澄清法、推理法、过渡法。两类反思：自我反思、同伴评审。三类情境：激发情境、直观情境、类比情境。在操作框架构建部分，本研究分析了形式、内容两个运行要素，以及支架的操作流程。具体来说，从纸质学习册、电子学习册、网络学习平台三个层面讨论了"形式"要素，从风格、角色、语气三个方面讨论了"内容"要素，并分析了支架的操作流程。在理论层面，实现了对支架要素与操作流程的上位把握。

第四，检验了促进高中学生信息技术概念转变的支架。

以资源管理器学习单元为依托，对山东省某高中一年级一个普通班级的44名学生，进行了单组前后测前实验。紧紧围绕在前测中得出的学生的前概念，设计了相应的方法、反思、情境，从而构建了支架核心要素；并结合教学环境等因素，明确了支架运行要素。实验检验结果显示，对于该学习单元的一些知识点，后测均值在0.05水平上，显著高于前测均值。从而在实践层面，实现了对第三部分工作的成果的实证。

二　研究不足

受限于研究者的能力、研究时限等状况，本研究存在一些不足。以下分析两点。

第一，创新与研究精细程度之间的矛盾。如前所述，对于信息技术及其相关学科的概念转变的研究并不多见，本研究开展的四项工作均具有创新性的同时，却面临着可参考资料的匮乏，随之而来的，是本研究的某些工作精细化程度的欠缺。

第二，先行与可行之间的矛盾。研究的先行性，和研究成果投入一线教学的可行性，二者之间的关系是本研究不可回避的话题。信息技术在我国由于受到学科地位等现实因素的影响，发展情况并不乐观。进行诸如概念转变这样微观层次的研究，其成果投入一线教学的可行性，会受到多种现实因素的影响。

三　研究展望

对于高中学生信息技术概念转变，还有一些可以继续探索的话题。以下分析三点。

第一，促进概念转变的支架构建，是本研究开展的第三项工作。对支架要素的分析，仍然有可以细化的余地。

第二，除了二阶诊断测试之外，研究信息技术概念转变，前概念的测试方法仍然有可以丰富的余地。

第三，概念转变的机制始终是概念转变研究领域较为深层次的话题，也是较为复杂的难题，仍然有可以挖掘的余地。

附　　录

附录 1　测试知识点内容陈述表

搜索引擎		
编号	测试知识点	内容陈述
S1	搜索引擎的功能	搜索引擎是用于互联网信息查找的网络工具
S2	全文搜索引擎的使用方法（关键词查询的步骤）	按照信息的主题内容来查找信息，在搜索框内输入想查找的信息的关键词，然后点击"搜索"按钮，搜索引擎服务器根据这些关键词寻找用户所需资源的网址，最后根据一定顺序（如字母排列、时间、相关程度等）反馈给用户包含此关键词信息的所有网址和指向这些网址的链接
S3	目录搜索引擎的使用方法	通过逐级层层点击搜索引擎网站上的类目，寻找自己所需的网站信息
S4	全文搜索引擎的工作原理	全文搜索引擎由搜索器、索引器和检索器构成。其中搜索器（爬虫、蜘蛛等）负责定期地自动到各个网站上，把网页抓下来，并顺着上面的链接，持续不断地抓取网页；索引器把搜索器抓来的网页进行分析，按照关键词句进行索引，并存入服务器的数据库中（有的搜索引擎无自身的数据库，而是租用其他引擎的数据库），检索器则是面向用户的，它接收用户提交的查询字串，在索引数据库中查询，并将结果反馈给用户
S5	目录搜索引擎的工作原理	目录搜索引擎一般采用人工方式采集和存储网络信息，依靠手工为每一个网站确定一个标题，并给出大概的描述，建立关键词索引，将其放入相应的类目体系中

续表

	汉字的处理	
编号	测试知识点	内容陈述
H1	汉字输入码的类型	汉字输入码主要分为音码、形码和混合码等。音码如全拼双音，形码如五笔
H2	汉字编码的类型	目前计算机上使用的汉字编码主要有三种：用于输入汉字的编码——汉字输入码（汉字外码）、用于存储汉字的编码——汉字机内码（汉字内码）、用于输出汉字的编码——汉字输出码（汉字字型码）
H3	汉字转化成二进制的渠道	计算机只能识别二进制数字，任何信息在计算机内都是以二进制形式存放的，汉字也不例外，汉字通过编码的方式转化成二进制
H4	汉字机内码的存储	目前使用最广泛的汉字机内码是每个汉字占两个字节的
H5	汉字的处理过程	键盘输入（汉字输入码）→编码转换（汉字机内码）→编辑与输出（汉字字型码）

	资源管理器	
编号	测试知识点	内容陈述
Z1	资源管理器的作用	资源管理器是 Windows 系统提供的信息资源管理工具，它采用目录树实现目录管理，使我们能更方便、更清楚、更直观地管理和查找文件
Z2	文件的含义	计算机中的文件是用文件名来标识的一组相关信息的集合体，计算机中的信息通常是以文件的形式在存储器中保存的。文件是数字化资源的主要存在形式，也是人们管理计算机信息的重要方式
Z3	文件夹的作用	计算机中的文件夹对不同类型的文件或不同用途的文件分类存储
Z4	文件名的组成	文件名通常由主名和扩展名组成，中间用"."隔开，其中主名可以由使用者自行确定，扩展名则用来标识文件的类型
Z5	文件在计算机中存储的路径	文件在计算机中存储的具体位置用路径来表示，绝对路径是从盘符开始的路径，相对路径是从当前路径开始的路径

信息加密		
编号	测试知识点	内容陈述
X1	明文与密文的含义	在加密之前，原始的数据或信息称为明文，经过变换的数据或信息称为密文
X2	信息加密的原理	通过信息变换，对数据或信息进行一组可逆或不可逆的数学函数的运算，使未授权的用户不能获得或理解信息的真实含义
X3	密码体制的分类	密码体制按照其加密密钥和解密密钥是否相同，可以分为对称密码体制和非对称密码体制。信息加密和解密通常都是在一组密钥控制下进行的，分别称为加密密钥和解密密钥。若加密密钥和解密密钥相同，或实质上相同，则为对称密码体制；若加密密钥与解密密钥不相同，则为非对称密码体制
X4	数字签名的含义	附加在数据单元上的一些数据，或是对数据单元所做的密码变换，这种数据和变换允许数据单元的接收者用以确认数据单元来源和数据单元的完整性，并保护数据，防止被人（例如接收者）进行伪造
X5	基于公开密钥加密算法的数字签名的原理	1. 信息发送者通过一种函数运算（Hash）把要传送的明文转换成报文摘要 A（不同的明文对应不同的报文摘要）； 2. 信息发送者利用自己的私钥加密报文摘要，将加密后的报文摘要 B 与明文一起传送给信息接收方； 3. 信息接收方通过同一函数运算把接收到的明文转换成报文摘要 C； 4. 信息接收方利用信息发送方的公钥解密接收到的报文摘要 B，得到解密后的报文摘要 D； 5. 信息接收方将报文摘要 C 及报文摘要 D 进行比较，若二者一样，则一方面验证了信息发送者的身份，另一方面验证了信息没有被篡改
ZH1	知识产权的含义	知识产权是指人类智力劳动产生的智力劳动成果所有权。它是依照各国法律赋予符合条件的著作者、发明者或成果拥有者在一定期限内享有的独占权利

续表

	知识产权	
编号	测试知识点	内容陈述
ZH2	著作权	著作权，分为著作人格权与著作财产权。其中著作人格权的内涵包括了公开发表权、姓名表示权及禁止他人以扭曲、变更方式，利用著作损害著作人名誉的权利。著作财产权是无形的财产权，是基于人类智识所产生的权利，故属知识产权的一种，包括重制权、公开口述权、公开播送权、公开上映权、公开演出权、公开传输权、公开展示权、改作权、散布权、出租权等
ZH3	专利权	专利权简称"专利"，是发明创造人或其权利受让人对特定的发明创造在一定期限内依法享有的独占实施权，是知识产权的一种

附录 2　开放式问卷题目与测试
知识点对应细目表

搜索引擎		
编号	测试知识点	开放式问卷题目
S1	搜索引擎的功能	小明暑假要去黄山旅行，他想从网上查找一些关于黄山的信息，却不知道该如何做，他的好友小红告诉他通过百度查找，另一位好友小鹏却告诉他通过雅虎查找。小明去问老师，老师说利用搜索引擎可以查找到他想得到的信息。 1. 你知道搜索引擎有什么功能吗？你听说过或者使用过哪些搜索引擎？请举例说出三种或三种以上。
S2	全文搜索引擎的使用方法（关键词查询的步骤）	经过一番思考，小明决定通过百度查找一下关于黄山的信息，但是打开百度后，他却不知道该做什么了。 2. 如果让你帮助小明用百度完成这项任务，你会怎么做？
S3	目录搜索引擎的使用方法	在查找完黄山的信息后，小明还想查一查黄山的所在地——安徽省黄山市的天气。 3. 请你告诉小明如何通过雅虎最快捷地完成这项任务。
S4	全文搜索引擎的工作原理	在查找完所有需要的信息后，小明对百度和雅虎产生了兴趣：它们是如何工作的？它们为何能够为我们提供所需的信息？ 4. 你觉得百度是如何工作的？为什么我们仅仅做了一些简单的操作，百度就能够为我们提供如此多的信息？
S5	目录搜索引擎的工作原理	5. 你觉得雅虎是如何工作的？它是如何做到能够为我们提供如此多的信息的？

续表

汉字的处理

编号	测试知识点	开放式问卷题目
H1	汉字输入码的类型	我们在使用计算机时，必不可少的一项技能就是输入汉字。我们用手指敲动键盘，计算机显示屏上便能出现我们想输入的汉字，这个过程看起来很简单，实际上经历了较为复杂的处理过程。 1. 你听说过或者使用过哪些汉字输入法？请举例说出三种或三种以上。
H2	汉字编码的类型	2. 你觉得汉字在输入计算机的时候，在计算机内部处理的时候，以及在显示屏输出的时候，它的形式有没有发生变化？
H3	汉字转化成二进制的渠道	3. 我们知道，计算机只能识别二进制数字，那么你认为汉字是通过什么样的渠道转化成二进制的？
H4	汉字机内码的存储	4. 你觉得汉字在计算机中占多大空间？
H5	汉字的处理过程	5. 下面这个图呈现的是计算机对汉字的处理过程： 你觉得中间这个框应该填什么内容？

资源管理器

编号	测试知识点	开放式问卷题目
Z1	资源管理器的作用	小轩想整理一下自己的计算机中各种各样的文件，可是看着眼前的一百多个文件，他不知从何下手了。老师建议他根据文件的不同类型，将它们存放在不同的文件夹中，并利用资源管理器对这些文件夹进行管理。 1. 你觉得资源管理器是做什么的？
Z2	文件的含义	2. 你觉得计算机中的文件是什么？
Z3	文件夹的作用	3. 你觉得计算机中的文件夹是做什么的？

续表

资源管理器		
编号	测试知识点	开放式问卷题目
Z4	文件名的组成	小轩采纳老师的建议，想从文件类型入手将文件进行分类，老师告诉他从文件名中的扩展名部分能分辨出文件的类型。 4. 你觉得文件名包括哪几个部分？
Z5	文件在计算机中存储的路径	经过一番努力，小轩终于将这些文件分门别类了，老师提醒他一定不要忘记文件的存放位置，以便于查找使用这些文件。 5. 假设小轩的计算机中有一个文件，文件名为"弟子规.doc"，存放在了 D 盘下的"学习资料"文件夹中的"语文"子文件夹中的"阅读资料"子文件夹中。请你试着写出这个文件的存储路径。

信息加密		
编号	测试知识点	开放式问卷题目
X1	明文与密文的含义	李冉即将接收一封远在德国的好友威廉的邮件，由于邮件中涉及非常重要的信息，威廉告诉李冉这封邮件可能涉及对邮件内容进行加密的问题。李冉上网查找了一些关于信息加密的知识，在查找过程中，她常常看到"明文"和"密文"两个词。 1. 你觉得"明文"和"密文"分别是什么？
X2	信息加密的原理	2. 如果你是威廉，在对邮件加密的过程中，你会对邮件内容做怎样的处理？
X3	密码体制的分类	经过一番查找，李冉得知，实现一次完整的"信息加密与解密"过程，通常需要由一组叫作"密钥"的东西来控制，其中负责加密的密钥称为加密密钥，负责解密的密钥叫作解密密钥。 3. 如果让你据此设计几类"信息加密与解密"的体制，你会如何设计？
X4	数字签名的含义	最后，威廉采用了一种叫作"数字签名"的方式。 4. 你觉得"数字签名"是什么？
X5	基于公开密钥加密算法的数字签名的原理	李冉接到邮件后，验证了该邮件确实来自威廉，并且验证了邮件内容在传输过程中并未遭到篡改。 5. 如果让你设计一种对邮件内容进行处理的方法，使李冉接到邮件后，既能验证邮件确实来自威廉，又能确定邮件内容在传输过程中未遭篡改，你会如何设计？

知识产权		
编号	测试知识点	开放式问卷题目
ZH1	知识产权的含义	随着科技的发展，知识产权逐渐成为人们生活中一项重要的权利。目前，我国已经出台了一些法律法规对公民的知识产权进行保护。 1. 你觉得知识产权是什么？
ZH2	著作权	我国在 1990 年第七届全国人民代表大会常务委员会第 15 次会议上通过了《中华人民共和国著作权法》，并于 2001 年及 2010 年对该法进行了两次修正。 2. 假如你要写一篇文章，在你的文章中要引用你曾经看到过的一本书中的原文，你会怎么做？
ZH3	专利权	根据中华人民共和国知识产权局统计信息，截至 2011 年 8 月，我国 2011 年国内发明专利授权共 73073 项。 3. 某私营企业 A 今年开始投资生产一种产品，产品的名字、工序和另一家私营企业 B 原创并生产了 10 年之久的产品名字、工序是完全一样的，作为一家名声不大的私营小企业，B 企业一直未对该产品申请专利、注册商标，也从未对该产品进行过广告宣传，A 企业却抢先申请了专利，注册了商标。如果你是 B 企业的老板，你会如何做？

附录3 开放式问卷调查结果统计表

搜索引擎			
开放式问卷题目	答案类型	填答人数	所占比例（%）
小明暑假要去黄山旅行，他想从网上查找一些关于黄山的信息，却不知道该如何做，他的好友小红告诉他通过百度查找，另一位好友小鹏却告诉他通过雅虎查找。小明去问老师，老师说利用搜索引擎可以查找到他想得到的信息。 1. 你知道搜索引擎有什么功能吗？你听说过或者使用过哪些搜索引擎？请举例说出三种或三种以上。			
经过一番思考，小明决定通过百度查找一下关于黄山的信息，但是打开百度后，他却不知道该做什么了。 2. 如果让你帮助小明用百度完成这项任务，你会怎么做？	A. 进入百度百科或百度知道，输入想找的内容进行查找	20	11.98
	B. 在百度图片中查找黄山的图片，再点击图片看黄山的资料	1	0.60
	C. 在百度搜索框中输入想找的内容进行查找	134	80.24
	其余	12	7.19
在查找完黄山的信息后，小明还想查一查黄山的所在地——安徽省黄山市的天气。 3. 请你告诉小明如何通过雅虎最快捷地完成这项任务。	A. 在雅虎中找视频，再搜索天气预报的视频	1	0.60
	B. 在雅虎搜索框中输入"安徽省黄山市天气"进行查找	94	56.29
	C. 在雅虎中点击"天气"，再选择相应地点进行查找	33	19.76
	其余	39	23.35

续表

搜索引擎			
开放式问卷题目	答案类型	填答人数	所占比例（%）
在查找完所有需要的信息后，小明对百度和雅虎产生了兴趣：它们是如何工作的？它们为何能够为我们提供所需的信息？ 4. 你觉得百度是如何工作的？为什么我们仅仅做了一些简单的操作，百度就能够为我们提供如此多的信息？	A. 百度以超级链接的方式链接到各个网站，并以词条的方式记录这些网站，当我们进行搜索时，百度便能根据这些词条列出网站	46	27.54
	B. 百度有自己专用的信息库，这个信息库由百度聘请各领域的专家共同建设，当我们进行搜索时，百度在这个信息库里查找相应的内容，并以网页的形式提供给我们	42	25.15
在查找完所有需要的信息后，小明对百度和雅虎产生了兴趣：它们是如何工作的？它们为何能够为我们提供所需的信息？ 4. 你觉得百度是如何工作的？为什么我们仅仅做了一些简单的操作，百度就能够为我们提供如此多的信息？	C. 百度有很多员工在后台工作，当我们进行搜索时，这些员工便在网上查找相应的内容，并传到前台，继而呈现给用户	22	13.17
	D. 网民在百度上发帖回帖，百度从这些帖子中寻找我们所需要的信息	19	11.38
	其余	38	22.75
5. 你觉得雅虎是如何工作的？它是如何做到能够为我们提供如此多的信息的？	A. 雅虎在其首页上，以超级链接的方式链接到各个网站，我们进入雅虎直接点击自己需要的网站即可	45	26.95
	B. 雅虎有很多员工在后台工作，当我们进行搜索时，这些员工便在网上查找相应的内容，并传到前台，继而呈现给用户	48	28.74
	C. 雅虎有自己专用的信息库，当我们进行搜索时，雅虎在这个信息库里查找相应的内容，并以网页的形式提供给我们	35	20.96
	其余	39	23.35

续表

汉字的处理			
开放式问卷题目	答案类型	填答人数	所占比例（%）
我们在使用计算机时，必不可少的一项技能就是输入汉字。我们用手指敲动键盘，计算机显示屏上便能出现我们想输入的汉字，这个过程看起来很简单，实际上经历了较为复杂的处理过程。 1. 你听说过或者使用过哪些汉字输入法？请举例说出三种或三种以上。			
2. 你觉得汉字在输入计算机的时候，在计算机内部处理的时候，以及在显示屏输出的时候，它的形式有没有发生变化？	A. 由拼音到汉字	49	29.34
	B. 由二进制数字到图像	12	7.19
	C. 由计算机代码到汉字	16	9.58
	D. 由拼音到二进制数字再到可视图像	12	7.19
	E. 字体不同了	4	2.40
	F. 没有发生变化	37	22.16
	其余	37	22.16
3. 我们知道，计算机只能识别二进制数字，那么你认为汉字是通过什么样的渠道转化成二进制的？	A. 根据汉字的笔画、面积、颜色，用 0、1 对汉字进行编号	28	16.77
	B. 根据汉字的拼音，用 0、1 对汉字进行编号	25	14.97
	C. 通过电流	13	7.78
	D. 通过电脑中的字库程序	46	27.54
	E. 汉字先变成十进制，再变成二进制	12	7.19
	F. 汉字先变成图像，再变成二进制	12	7.19
	其余	31	18.56

续表

汉字的处理			
开放式问卷题目	答案类型	填答人数	所占比例（%）
4. 你觉得汉字在计算机中占多大空间？	A. 每个汉字占两个字节	15	8.98
	B. 每个汉字占一个字节	51	30.54
	C. 每个字母占一个字节	39	23.35
	D. 把汉字拆开，有几个部分就占几个字节	12	7.19
	E. 每个汉字占 8 位二进制	11	6.59
	其余	39	23.35

5. 下面这个图呈现的是计算机对汉字的处理过程：

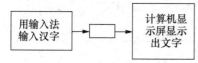

你觉得中间这个框应该填什么内容？

资源管理器			
开放式问卷题目	答案类型	填答人数	所占比例（%）
小轩想整理一下自己的计算机中各种各样的文件，可是看着眼前的一百多个文件，他不知从何下手了。老师建议他根据文件的不同类型，将它们存放在不同的文件夹中，并利用资源管理器对这些文件夹进行管理。 1. 你觉得资源管理器是做什么的？	A. 用来管理计算机文件的东西	82	47.95
	B. 管理计算机系统的东西	4	2.34
	C. 管理计算机进程、应用程序的东西	58	33.92
	D. 一种快捷方式	1	0.58
	E. 启动计算机的另一种模式	2	1.17
	F. 计算机的 C 盘、D 盘等	2	1.17
	其余	22	12.87

续表

资源管理器			
开放式问卷题目	答案类型	填答人数	所占比例（%）
2. 你觉得计算机中的文件是什么？	A. Word 文档	15	8.77
	B. 计算机的基本单位	17	9.94
	C. 游戏	12	7.02
	D. 计算机中的"我的电脑"	14	8.19
	E. 程序或者软件	34	19.88
	F. 计算机存储文字的地方	52	30.41
	G. 各种类型的图片、文字等	16	9.36
	H. 数据	4	2.34
	I. 系统	5	2.92
	其余	2	1.17
3. 你觉得计算机中的文件夹是做什么的？			
小轩采纳老师的建议，想从文件类型入手将文件进行分类，老师告诉他从文件名中的扩展名部分能分辨出文件的类型。4. 你觉得文件名包括哪几个部分？	A. 字母、数字、汉字	29	16.96
	B. 用户自己命名的部分、文件类型	61	35.67
	C. 用户自己命名的部分、文件大小、文件来源	21	12.28
	D. 用户自己命名的部分、文件类型、修改日期	23	13.45
	E. 用户自己命名的部分、文件位置	21	12.28
	其余	16	9.36

续表

资源管理器

开放式问卷题目	答案类型	填答人数	所占比例（%）
经过一番努力，小轩终于将这些文件分门别类了，老师提醒他一定不要忘记文件的存放位置，以便于查找使用这些文件。 5. 假设小轩的计算机中有一个文件，文件名为"弟子规.doc"，存放在了D盘下的"学习资料"文件夹中的"语文"子文件夹中的"阅读资料"子文件夹中。请你试着写出这个文件的存储路径。	A. D\学习资料\语文\阅读资料\弟子规.doc	35	20.47
	B. D——学习资料——语文——阅读资料——弟子规.doc	33	19.30
	C. D：\学习资料\语文\阅读资料\弟子规.doc	24	14.04
	D. 另存为,D盘,学习资料文件夹,语文文件夹,阅读资料文件夹,保存	33	19.30
	E. D:/学习资料/语文/阅读资料/弟子规.doc	11	6.43
	F. D/学习资料/语文/阅读资料/弟子规.doc	11	6.43
	其余	24	14.04

信息加密

开放式问卷题目	答案类型	填答人数	所占比例（%）
李冉即将接收一封远在德国的好友威廉的邮件，由于邮件中涉及非常重要的信息，威廉告诉李冉这封邮件可能涉及对邮件内容进行加密的问题。李冉上网查找了一些关于信息加密的知识，在查找过程中，她常常看到"明文"和"密文"两个词。 1. 你觉得"明文"和"密文"分别是什么？	A. 明文是验证码，密文是密码	11	6.43
	B. 明文是没有隐藏的，密文是隐藏的，需要调整属性才能看到	3	1.75
	C. 明文是公开的、无须输入密码就能看到的，密文是输入密码才能看到的	90	52.63
	D. 明文是直接可以看懂的，密文是用事先规定好的符号表示的，不知道这些规定就看不懂	18	10.53
	E. 在明文中，输入什么即显示什么，在密文中，输入的东西一律显示为*或者其他符号	26	15.20
	其余	23	13.45

续表

信息加密			
开放式问卷题目	答案类型	填答人数	所占比例（%）
2. 如果你是威廉，在对邮件加密的过程中，你会对邮件内容做怎样的处理？	A. 设置密码	70	40. 94
	B. 发私信	11	6. 43
	C. 改变文字的颜色、字体等	12	7. 02
	D. 用别人看不懂的字符代替文字	26	15. 20
	E. 设置隐藏文字	14	8. 19
	其余	38	22. 22
经过一番查找，李冉得知，实现一次完整的"信息加密与解密"过程，通常需要由一组叫作"密钥"的东西来控制，其中负责加密的密钥称为加密密钥，负责解密的密钥叫作解密密钥。 3. 如果让你据此设计几类"信息加密与解密"的体制，你会如何设计？	A. 用数字和字母	55	32. 16
	B. 设置密码问题和解密问题	41	23. 98
	C. 用数学算法	41	23. 98
	其余	34	19. 88
最后，威廉采用了一种叫作"数字签名"的方式。 4. 你觉得"数字签名"是什么？	A. 用数字代替邮件内容	41	23. 98
	B. 用数字组成的签名	48	28. 07
	C. 密码	37	21. 64
	D. 验证码	13	7. 60
	其余	32	18. 71
李冉接到邮件后，验证了该邮件确实来自威廉，并且验证了邮件内容在传输过程中并未遭到篡改。 5. 如果让你设计一种对邮件内容进行处理的方法，使李冉接收到邮件后，既能验证邮件确实来自威廉，又能确定邮件内容在传输过程中未遭篡改，你会如何设计？	A. 在邮件内容中加入特殊暗号	71	41. 52
	B. 核实邮件的发送日期和接收日期	16	9. 36
	C. 把邮件内容拍照，再发送照片	18	10. 53
	D. 核对发件人电子邮箱地址	16	9. 36
	E. 限制邮件的字数	11	6. 43
	其余	39	22. 81

续表

知识产权			
开放式问卷题目	答案类型	填答人数	所占比例（%）
随着科技的发展，知识产权逐渐成为人们生活中一项重要的权利。目前，我国已经出台了一些法律法规对公民的知识产权进行保护。 1. 你觉得知识产权是什么？	A. 自己的知识或者发明，别人不可以用	98	54.44
	B. 知识的拥有者用自己的知识来赚钱的权利	17	9.44
	C. 个人隐私	15	8.33
	D. 学习了知识的凭证	21	11.67
	其余	29	16.11
我国在 1990 年第七届全国人民代表大会常务委员会第 15 次会议上通过了《中华人民共和国著作权法》，并于 2001 年及 2010 年对该法进行了两次修正。 2. 假如你要写一篇文章，在你的文章中要引用你曾经看到过的一本书中的原文，你会怎么做？	A. 加标注或者在原文中说明这部分是引用的	67	37.22
	B. 把原文的意思用自己的话写出来	57	31.67
	C. 告知原作者，经他同意后再引用	4	2.22
我国在 1990 年第七届全国人民代表大会常务委员会第 15 次会议上通过了《中华人民共和国著作权法》，并于 2001 年及 2010 年对该法进行了两次修正。 2. 假如你要写一篇文章，在你的文章中要引用你曾经看到过的一本书中的原文，你会怎么做？	D. 加引号	18	10.00
	E. 无须做什么，这本书已发行，表明其内容是可以拿来用的	11	6.11
	其余	23	12.78
根据中华人民共和国知识产权局统计信息，截至 2011 年 8 月，我国 2011 年国内发明专利授权共 73073 项。 3. 某私营企业 A 今年开始投资生产一种产品，产品的名字、工序和另一家私营企业 B 原创并生产了 10 年之久的产品名字、工序是完全一样的，作为一家名声不大的私营小企业，B 企业一直未对该产品申请专利、注册商标，也从未对该产品进行过广告宣传，A 企业却抢先申请了专利，注册了商标。如果你是 B 企业的老板，你会如何做？	A. 从法律上讲，A 企业的行为侵犯了 B 企业的专利权，我会提起诉讼	87	48.33
	B. 用该产品的原工序、名字，也去相关机构申请专利，注册商标，和 A 企业的专利并存	79	43.89
	其余	14	7.78

附录4　一般二阶问卷题目与测试知识点对应细目表

搜索引擎		
编号	测试知识点	一般二阶问卷题目
S1	全文搜索引擎的使用方法（关键词查询的步骤）	小明暑假要去黄山旅行，他想从网上查找一些关于黄山的信息，却不知道该如何做，他的好友小红告诉他通过百度查找，另一位好友小鹏却告诉他通过雅虎查找。 经过一番思考，小明决定通过百度查找一下关于黄山的信息，但是打开百度后，他却不知道该做什么了。 1. 如果让你帮助小明用百度完成这项任务，你会怎么做？ 我选择＿＿＿＿＿＿＿＿＿＿＿＿ A. 进入百度百科或百度知道，输入想找的内容进行查找 B. 在百度图片中查找黄山的图片，再点击图片看黄山的资料 C. 在百度搜索框中输入想找的内容进行查找 D. 其他＿＿＿＿＿＿＿＿＿＿＿＿ 因为：
S2	目录搜索引擎的使用方法	在查找完黄山的信息后，小明还想查一查黄山的所在地——安徽省黄山市的天气。 2. 请你告诉小明如何通过雅虎最快捷地完成这项任务。 我选择＿＿＿＿＿＿＿＿＿＿＿＿ A. 在雅虎中找视频，再搜索天气预报的视频 B. 在雅虎搜索框中输入"安徽省黄山市天气"进行查找 C. 在雅虎中点击"天气"，再选择相应地点进行查找 D. 其他＿＿＿＿＿＿＿＿＿＿＿＿ 因为：

搜索引擎		
编号	测试知识点	一般二阶问卷题目
S3	全文搜索引擎的工作原理	在查找完所有需要的信息后，小明对百度和雅虎产生了兴趣：它们是如何工作的？它们为何能够为我们提供所需的信息？ 3. 你觉得百度是如何工作的？为什么我们仅仅做了一些简单的操作，百度就能够为我们提供如此多的信息？ 我选择＿＿＿＿＿＿＿＿＿＿＿＿＿＿＿＿ A. 百度以超级链接的方式链接到各个网站，并以词条的方式记录这些网站，当我们进行搜索时，百度便能根据这些词条列出网站 B. 百度有自己专用的信息库，这个信息库由百度聘请各领域的专家共同建设，当我们进行搜索时，百度在这个信息库里查找相应的内容，并以网页的形式提供给我们 C. 百度有很多员工在后台工作，当我们进行搜索时，这些员工便在网上查找相应的内容，并传到前台，继而呈现给用户 D. 网民在百度上发帖回帖，百度从这些帖子中寻找我们所需要的信息 E. 其他＿＿＿＿＿＿＿＿＿＿＿＿＿＿＿＿＿ 因为：
S4	目录搜索引擎的工作原理	4. 你觉得雅虎是如何工作的？它是如何做到能够为我们提供如此多的信息的？ 我选择＿＿＿＿＿＿＿＿＿＿＿＿＿＿＿＿ A. 雅虎在其首页上，以超级链接的方式链接到各个网站，我们进入雅虎直接点击自己需要的网站即可 B. 雅虎有很多员工在后台工作，当我们进行搜索时，这些员工便在网上查找相应的内容，并传到前台，继而呈现给用户 C. 雅虎有自己专用的信息库，当我们进行搜索时，雅虎在这个信息库里查找相应的内容，并以网页的形式提供给我们 D. 其他＿＿＿＿＿＿＿＿＿＿＿＿＿＿＿＿＿ 因为：

续表

	汉字的处理	
编号	测试知识点	一般二阶问卷题目
H1	汉字编码的类型	我们在使用计算机时，必不可少的一项技能就是输入汉字。我们用手指敲动键盘，计算机显示屏上便能出现我们想输入的汉字，这个过程看起来很简单，实际上经历了较为复杂的处理过程。 1. 你觉得汉字在输入计算机的时候，在计算机内部处理的时候，以及在显示屏输出的时候，它的形式有没有发生变化？ 我选择_____ A. 由拼音到汉字 B. 由二进制数字到图像 C. 由计算机代码到汉字 D. 由拼音到二进制数字再到可视图像 E. 字体不同了 F. 没有发生变化 G. 其他_____ 因为：
H2	汉字转化成二进制的渠道	2. 我们知道，计算机只能识别二进制数字，那么你认为汉字是通过什么样的渠道转化成二进制的？ 我选择_____ A. 根据汉字的笔画、面积、颜色，用 0、1 对汉字进行编号 B. 根据汉字的拼音，用 0、1 对汉字进行编号 C. 通过电流 D. 通过电脑中的字库程序 E. 汉字先变成十进制，再变成二进制 F. 汉字先变成图像，再变成二进制 G. 其他_____ 因为：
H3	汉字机内码的存储	3. 你觉得汉字在计算机中占多大空间？ 我选择_____ A. 每个汉字占两个字节 B. 每个汉字占一个字节 C. 每个字母占一个字节 D. 把汉字拆开，有几个部分就占几个字节 E. 每个汉字占 8 位二进制 F. 其他_____ 因为：

资源管理器

编号	测试知识点	一般二阶问卷题目
Z1	资源管理器的作用	小轩想整理一下自己的计算机中各种各样的文件，可是看着眼前的一百多个文件，他不知从何下手了。老师建议他根据文件的不同类型，将它们存放在不同的文件夹中，并利用资源管理器对这些文件夹进行管理。 1. 你觉得资源管理器是做什么的？ 我选择_____ A. 用来管理计算机文件的东西 B. 管理计算机系统的东西 C. 管理计算机进程、应用程序的东西 D. 一种快捷方式 E. 启动计算机的另一种模式 F. 计算机的 C 盘、D 盘等 G. 其他_____ 因为：
Z2	文件的含义	2. 你觉得计算机中的文件是什么？ 我选择_____ A. Word 文档 B. 计算机的基本单位 C. 游戏 D. 计算机中的"我的电脑" E. 程序或者软件 F. 计算机存储文字的地方 G. 各种类型的图片、文字等 H. 数据 I. 系统 J. 其他_____ 因为：
Z3	文件名的组成	小轩采纳老师的建议，想从文件类型入手将文件进行分类，老师告诉他从文件名中的扩展名部分能分辨出文件的类型。 3. 你觉得文件名包括哪几个部分？ 我选择_____ A. 字母、数字、汉字 B. 用户自己命名的部分、文件类型 C. 用户自己命名的部分、文件大小、文件来源 D. 用户自己命名的部分、文件类型、修改日期 E. 用户自己命名的部分、文件位置 F. 其他_____ 因为：

续表

资源管理器		
编号	测试知识点	一般二阶问卷题目
Z4	文件在计算机中存储的路径	经过一番努力，小轩终于将这些文件分门别类了，老师提醒他一定不要忘记文件的存放位置，以便于查找使用这些文件。 4. 假设小轩的计算机中有一个文件，文件名为"弟子规.doc"，存放在了D盘下的"学习资料"文件夹中的"语文"子文件夹中的"阅读资料"子文件夹中。请你试着写出这个文件的存储路径。 我选择＿＿＿＿＿＿＿＿＿＿＿＿＿＿ A. D\学习资料\语文\阅读资料\弟子规.doc B. D——学习资料——语文——阅读资料——弟子规.doc C. D：\学习资料\语文\阅读资料\弟子规.doc D. 另存为，D盘，学习资料文件夹，语文文件夹，阅读资料文件夹，保存 E. D：/学习资料/语文/阅读资料/弟子规.doc F. D/学习资料/语文/阅读资料/弟子规.doc G. 其他＿＿＿＿＿＿＿＿＿＿＿＿＿＿ 因为：

信息加密		
编号	测试知识点	一般二阶问卷题目
X1	明文与密文的含义	李冉即将接收一封远在德国的好友威廉的邮件，由于邮件中涉及非常重要的信息，威廉告诉李冉这封邮件可能涉及对邮件内容进行加密的问题。李冉上网查找了一些关于信息加密的知识，在查找过程中，她常常看到"明文"和"密文"两个词。 1. 你觉得"明文"和"密文"分别是什么？ 我选择＿＿＿＿＿＿＿＿＿＿＿＿＿＿ A. 明文是验证码，密文是密码 B. 明文是没有隐藏的，密文是隐藏的，需要调整属性才能看到 C. 明文是公开的、无须输入密码就能看到的，密文是输入密码才能看到的 D. 明文是直接可以看懂的，密文是用事先规定好的符号表示的，不知道这些规定就看不懂 E. 在明文中，输入什么即显示什么，在密文中，输入的东西一律显示为＊或者其他符号 F. 其他＿＿＿＿＿＿＿＿＿＿＿＿＿＿ 因为：

续表

	信息加密	
编号	测试知识点	一般二阶问卷题目
X2	信息加密的原理	2. 如果你是威廉，在对邮件加密的过程中，你会对邮件内容做怎样的处理？ 我选择＿＿＿＿＿＿＿＿＿＿＿＿＿＿＿＿＿＿ A. 设置密码 B. 发私信 C. 改变文字的颜色、字体等 D. 用别人看不懂的字符代替文字 E. 设置隐藏文字 F. 其他＿＿＿＿＿＿＿＿＿＿＿＿＿＿＿＿ 因为：
X3	密码体制的分类	经过一番查找，李冉得知，实现一次完整的"信息加密与解密"过程，通常需要由一组叫作"密钥"的东西来控制，其中负责加密的密钥称为加密密钥，负责解密的密钥叫作解密密钥。 3. 如果让你据此设计几类"信息加密与解密"的体制，你会如何设计？ 我选择＿＿＿＿＿＿＿＿＿＿＿＿＿＿＿＿＿＿ A. 用数字和字母 B. 设置密码问题和解密问题 C. 用数学算法 D. 其他＿＿＿＿＿＿＿＿＿＿＿＿＿＿＿＿ 因为：
X4	数字签名的含义	最后，威廉采用了一种叫作"数字签名"的方式。 4. 你觉得"数字签名"是什么？ 我选择＿＿＿＿＿＿＿＿＿＿＿＿＿＿＿＿＿＿ A. 用数字代替邮件内容 B. 用数字组成的签名 C. 密码 D. 验证码 E. 其他＿＿＿＿＿＿＿＿＿＿＿＿＿＿＿＿ 因为：

	信息加密	
编号	测试知识点	一般二阶问卷题目
X5	基于公开密钥加密算法的数字签名的原理	李冉接到邮件后，验证了该邮件确实来自威廉，并且验证了邮件内容在传输过程中并未遭到篡改。 5. 如果让你设计一种对邮件内容进行处理的方法，使李冉接收到邮件后，既能验证邮件确实来自威廉，又能确定邮件内容在传输过程中未遭篡改，你会如何设计？ 我选择_____ A. 在邮件内容中加入特殊暗号 B. 核实邮件的发送日期和接收日期 C. 把邮件内容拍照，再发送照片 D. 核对发件人电子邮箱地址 E. 限制邮件的字数 F. 其他_____ 因为：

	知识产权	
编号	测试知识点	一般二阶问卷题目
ZH1	知识产权的含义	随着科技的发展，知识产权逐渐成为人们生活中一项重要的权利。目前，我国已经出台了一些法律法规对公民的知识产权进行保护。 1. 你觉得知识产权是什么？ 我选择_____ A. 自己的知识或者发明，别人不可以用 B. 知识的拥有者用自己的知识来赚钱的权利 C. 个人隐私 D. 学习了知识的凭证 E. 其他_____ 因为：
ZH2	著作权	我国在1990年第七届全国人民代表大会常务委员会第15次会议上通过了《中华人民共和国著作权法》，并于2001年及2010年对该法进行了两次修正。 2. 假如你要写一篇文章，在你的文章中要引用你曾经看到过的一本书中的原文，你会怎么做？ 我选择_____ A. 加标注或者在原文中说明这部分是引用的 B. 把原文的意思用自己的话写出来 C. 告知原作者，经他同意后再引用 D. 加引号 E. 无须做什么，这本书已发行，表明其内容是可以拿来用的 F. 其他_____ 因为：

续表

知识产权		
编号	测试知识点	一般二阶问卷题目
ZH3	专利权	根据中华人民共和国知识产权局统计信息，截至 2011 年 8 月，我国 2011 年国内发明专利授权共 73073 项。 3. 某私营企业 A 今年开始投资生产一种产品，产品的名字、工序和另一家私营企业 B 原创并生产了 10 年之久的产品名字、工序是完全一样的，作为一家名声不大的私营小企业，B 企业一直未对该产品申请专利、注册商标，也从未对该产品进行过广告宣传，A 企业却抢先申请了专利，注册了商标。如果你是 B 企业的老板，你会如何做？ 我选择＿＿＿＿＿＿＿＿＿＿＿＿ A. 从法律上讲，A 企业的行为侵犯了 B 企业的专利权，我会提起诉讼 B. 用该产品的原工序、名字，也去相关机构申请专利，注册商标，和 A 企业的专利并存 C. 其他＿＿＿＿＿＿＿＿＿＿＿＿＿ 因为：

附录5 一般二阶问卷调查结果统计表

搜索引擎				
一般二阶问卷题目 （题干）	第一阶 选项	选择 人数	所占比 例（%）	第二阶 答案类型
小明暑假要去黄山旅行，他想从网上查找一些关于黄山的信息，却不知道该如何做，他的好友小红告诉他通过百度查找，另一位好友小鹏却告诉他通过雅虎查找。 经过一番思考，小明决定通过百度查找一下关于黄山的信息，但是打开百度后，他却不知道该做什么了。 1. 如果让你帮助小明用百度完成这项任务，你会怎么做？	A. 进入百度百科或百度知道，输入想找的内容进行查找	57	38.78	①百度百科或知道中的信息一般是网民的亲身经历，正确率更高
	B. 在百度图片中查找黄山的图片，再点击图片看黄山的资料	0	0	
	C. 在百度搜索框中输入想找的内容进行查找	82	55.78	①通过关键词搜索出的信息更广泛，还能得到图片、视频等不同类型的信息
	其余	8	5.44	
在查找完黄山的信息后，小明还想查一查黄山的所在地——安徽省黄山市的天气。 2. 请你告诉小明如何通过雅虎最快捷地完成这项任务。	A. 在雅虎中找视频，再搜索天气预报的视频	0	0	
	B. 在雅虎搜索框中输入"安徽省黄山市天气"进行查找	43	29.25	①百度等搜索引擎是这么用的
	C. 在雅虎中点击"天气"，再选择相应地点进行查找	90	61.22	①自己输入关键词会出现一些无关信息 ②雅虎有专门的天气预报专栏，这样搜索更直接快捷
	其余	14	9.52	

搜索引擎				
一般二阶问卷题目 （题干）	第一阶 选项	选择 人数	所占比 例（%）	第二阶 答案类型
在查找完所有需要的信息后，小明对百度和雅虎产生了兴趣：它们是如何工作的？它们为何能够为我们提供所需的信息？ 3. 你觉得百度是如何工作的？为什么我们仅仅做了一些简单的操作，百度就能够为我们提供如此多的信息？	A. 百度以超级链接的方式链接到各个网站，并以词条的方式记录这些网站，当我们进行搜索时，百度便能根据这些词条列出网站	82	55.78	①百度的搜索结果中，与用户输入的关键词匹配的词条通常都会以红色标记出来 ②百度搜索出的基本上都是其他网站的内容，且每条搜索结果下都会给出网站的网址
	B. 百度有自己专用的信息库，这个信息库由百度聘请各领域的专家共同建设，当我们进行搜索时，百度在这个信息库里查找相应的内容，并以网页的形式提供给我们	42	28.57	①百度的速度这么快，说明信息库是自己的，百度只需要进自己公司的局域网就能把信息找到
在查找完所有需要的信息后，小明对百度和雅虎产生了兴趣：它们是如何工作的？它们为何能够为我们提供所需的信息？ 3. 你觉得百度是如何工作的？为什么我们仅仅做了一些简单的操作，百度就能够为我们提供如此多的信息？	C. 百度有很多员工在后台工作，当我们进行搜索时，这些员工便在网上查找相应的内容，并传到前台，继而呈现给用户	0	0	
	D. 网民在百度上发帖回帖，百度从这些帖子中寻找我们所需要的信息	9	6.12	①百度知道就是这样的
	其余	14	9.52	

续表

搜索引擎				
一般二阶问卷题目 （题干）	第一阶 选项	选择 人数	所占比 例（%）	第二阶 答案类型
4. 你觉得雅虎是如何工作的？它是如何做到能够为我们提供如此多的信息的？	A. 雅虎在其首页上，以超级链接的方式链接到各个网站，我们进入雅虎直接点击自己需要的网站即可	77	52.38	①雅虎主页上有很多点击就能进入网站的超级链接
	B. 雅虎有很多员工在后台工作，当我们进行搜索时，这些员工便在网上查找相应的内容，并传到前台，继而呈现给用户	16	10.88	①雅虎的速度比较慢
	C. 雅虎有自己专用的信息库，当我们进行搜索时，雅虎在这个信息库里查找相应的内容，并以网页的形式提供给我们	44	29.93	①雅虎搜索出的网页地址中都含有 yahoo
	其余	10	6.80	

汉字的处理				
一般二阶问卷题目 （题干）	第一阶 选项	选择 人数	所占比 例（%）	第二阶 答案类型
我们在使用计算机时，必不可少的一项技能就是输入汉字。我们用手指敲动键盘，计算机显示屏上便能出现我们想输入的汉字，这个过程看起来很简单，实际上经历了较为复杂的处理过程。 1. 你觉得汉字在输入计算机的时候，在计算机内部处理的时候，以及在显示屏输出的时候，它的形式有没有发生变化？	A. 由拼音到汉字	17	10.49	①一般在打字时打进去的是拼音，屏幕上显示的是汉字
	B. 由二进制数字到图像	0	0	
	C. 由计算机代码到汉字	30	18.52	①汉字在计算机中用 ASCII 码表示
	D. 由拼音到二进制数字再到可视图像	109	67.28	①计算机只认识二进制数字，而计算机呈现给人们的汉字有颜色有字体，可以看成是图像
	E. 字体不同了	0	0	
	F. 没有发生变化	0	0	
	其余	6	3.70	

汉字的处理				
一般二阶问卷题目 （题干）	第一阶 选项	选择 人数	所占比 例（%）	第二阶 答案类型
2. 我们知道，计算机只能识别二进制数字，那么你认为汉字是通过什么样的渠道转化成二进制的？	A. 根据汉字的笔画、面积、颜色，用0、1对汉字进行编号	17	10.49	①每个汉字的编号应该是唯一的，这就需要将笔画、面积、颜色等多种因素综合起来考虑，才不会使编号重复
	B. 根据汉字的拼音，用0、1对汉字进行编号	56	34.57	①一般在打字时打进去的是拼音，计算机只能对其接收到的拼音进行编号
	C. 通过电流	3	1.85	①物理课中学习过有电流通过则记为1，无电流通过则记为0，计算机可以利用这一原理编号
2. 我们知道，计算机只能识别二进制数字，那么你认为汉字是通过什么样的渠道转化成二进制的？	D. 通过电脑中的字库程序	52	32.10	①输入法软件会经常提示我们更新字库
	E. 汉字先变成十进制，再变成二进制	19	11.73	①相对于二进制，十进制更贴近人们的生活
	F. 汉字先变成图像，再变成二进制	0	0	
	其余	15	9.26	

汉字的处理				
一般二阶问卷题目 （题干）	第一阶 选项	选择 人数	所占比 例（%）	第二阶 答案类型
3. 你觉得汉字在计算机中占多大空间？	A. 每个汉字占两个字节	48	29.63	①新建一个文本文档，在里面输入一个汉字，关闭后看文本文档的属性就可以看出来 ②在 Word 中打两个空格，是一个汉字的位置
	B. 每个汉字占一个字节	36	22.22	①用手机发短信的时候，每输入一个字，顶端的计数器就减少一个数
	C. 每个字母占一个字节	42	25.93	①一般在打字时打进去的是拼音，拼音是由字母组成的 ②计算机最初是外国人发明的，汉字应该先转化为字母，计算机才能处理
	D. 把汉字拆开，有几个部分就占几个字节	19	11.73	①用五笔打字的时候，将汉字拆成几部分输进去
	E. 每个汉字占 8 位二进制	0	0	
	其余	17	10.49	

续表

资源管理器				
一般二阶问卷题目（题干）	第一阶选项	选择人数	所占比例（%）	第二阶答案类型
小轩想整理一下自己的计算机中各种各样的文件，可是看着眼前的一百多个文件，他不知从何下手了。老师建议他根据文件的不同类型，将它们存放在不同的文件夹中，并利用资源管理器对这些文件夹进行管理。 1. 你觉得资源管理器是做什么的？	A. 用来管理计算机文件的东西	41	27.89	①打开资源管理器就能看到计算机中的所有文件
	B. 管理计算机系统的东西	13	8.84	①计算机的存储系统由资源管理器进行管理
	C. 管理计算机进程、应用程序的东西	64	43.54	①日常使用计算机时按 Ctrl + Alt + Del 就能启动资源管理器并进行结束进程等操作
	D. 一种快捷方式	0	0	
	E. 启动计算机的另一种模式	0	0	
	F. 计算机的 C 盘、D 盘等	19	12.93	①计算机中的各种资源存放在各个盘里
	其余	10	6.80	
2. 你觉得计算机中的文件是什么？	A. Word 文档	0	0	
	B. 计算机的基本单位	21	14.29	①计算机是由各种文件组成的
	C. 游戏	0	0	
	D. 计算机中的"我的电脑"	0	0	
	E. 程序或者软件	61	41.50	①下载程序或软件的时候，会弹出"文件下载"的对话框
	F. 计算机存储文字的地方	0	0	

续表

资源管理器				
一般二阶问卷题目 （题干）	第一阶 选项	选择 人数	所占比 例（%）	第二阶 答案类型
2. 你觉得计算机中的文件是什么？	G. 各种类型的图片、文字等	31	21.09	①平时就把计算机中的图片、文本文档等叫文件
	H. 数据	23	15.65	①计算机只认识数字（数据），这些数据的表现形式就是文件
	I. 系统	0	0	
	其余	11	7.48	
小轩采纳老师的建议，想从文件类型入手将文件进行分类，老师告诉他从文件名中的扩展名部分能分辨出文件的类型。 3. 你觉得文件名包括哪几个部分？	A. 字母、数字、汉字	0	0	
	B. 用户自己命名的部分、文件类型	47	31.97	①在文件的属性中可以看到完整的文件名包括用户自己命名的部分和文件类型
	C. 用户自己命名的部分、文件大小、文件来源	35	23.81	①用 QQ 传文件成功的时候，QQ 界面上显示的文件图标旁边写着文件的大小等
	D. 用户自己命名的部分、文件类型、修改日期	46	31.29	①移动鼠标到文件上，会出现类型、修改日期等
	E. 用户自己命名的部分、文件位置	0	0	
	其余	19	12.93	

续表

资源管理器				
一般二阶问卷题目 （题干）	第一阶 选项	选择 人数	所占比 例（%）	第二阶 答案类型
经过一番努力，小轩终于将这些文件分门别类了，老师提醒他一定不要忘记文件的存放位置，以便于查找使用这些文件。 4. 假设小轩的计算机中有一个文件，文件名为"弟子规.doc"，存放在了 D 盘下的"学习资料"文件夹中的"语文"子文件夹中的"阅读资料"子文件夹中。请你试着写出这个文件的存储路径。	A. D \ 学习资料 \ 语文 \ 阅读资料 \ 弟子规.doc	0	0	
	B. D——学习资料——语文——阅读资料——弟子规.doc	8	5.44	①打开文件的顺序就是这样的
	C. D：\ 学习资料 \ 语文 \ 阅读资料 \ 弟子规.doc	135	91.84	①在文件打开窗口地址栏里会看到这行文字
	D. 另存为，D 盘，学习资料文件夹，语文文件夹，阅读资料文件夹，保存	1	0.68	①存储文件的顺序就是这样的
	E. D：/学习资料/语文/阅读资料/弟子规.doc	0	0	
	F. D/学习资料/语文/阅读资料/弟子规.doc	0	0	
	其余	3	2.04	

信息加密				
一般二阶问卷题目 （题干）	第一阶 选项	选择 人数	所占比 例（%）	第二阶 答案类型
李冉即将接收一封远在德国的好友威廉的邮件，由于邮件中涉及非常重要的信息，威廉告诉李冉这封邮件可能涉及对邮件内容进行加密的问题。李冉上网查找了一些关于信息加密的知识，在查找过程中，她常常看到"明文"和"密文"两个词。 1. 你觉得"明文"和"密文"分别是什么？	A. 明文是验证码，密文是密码	0	0	
	B. 明文是没有隐藏的，密文是隐藏的，需要调整属性才能看到	38	25.85	①密文一定是很重要的，隐藏后就不会被盗取或篡改 ②在一些论坛上，一些重要的东西只有会员登录后才能看到，这些就是密文

续表

信息加密				
一般二阶问卷题目 （题干）	第一阶 选项	选择 人数	所占比 例（%）	第二阶 答案类型
李冉即将接收一封远在德国的好友威廉的邮件，由于邮件中涉及非常重要的信息，威廉告诉李冉这封邮件可能涉及对邮件内容进行加密的问题。李冉上网查找了一些关于信息加密的知识，在查找过程中，她常常看到"明文"和"密文"两个词。 1. 你觉得"明文"和"密文"分别是什么？	C. 明文是公开的、无须输入密码就能看到的，密文是输入密码才能看到的	41	27.89	①明文是完全公开的，密文是针对部分人公开的，密码能实现针对部分人公开
	D. 明文是直接可以看懂的，密文是用事先规定好的符号表示的，不知道这些规定就看不懂	25	17.01	①在电影中看到的电报、摩尔斯电码就是一些事先规定好的符号 ②密文类似于ASCII码
	E. 在明文中，输入什么即显示什么，在密文中，输入的东西一律显示为∗或者其他符号	34	23.13	①密码应该是密文的一种，输入密码时一般会显示∗
	其余	9	6.12	
2. 如果你是威廉，在对邮件加密的过程中，你会对邮件内容做怎样的处理？	A. 设置密码	80	54.42	①设置密码后，即使他人登录收件人邮箱或者邮件中途遭到拦截也会因为打不开邮件而不能盗取或篡改邮件中的信息
	B. 发私信	10	6.80	①私信会受到其所在网站所属大公司的保护，比较安全
	C. 改变文字的颜色、字体等	0	0	
	D. 用别人看不懂的字符代替文字	27	18.37	①如果邮件中的文字只有收件人能看懂的话，即使出现了邮件被盗取等意外，邮件中的信息也不会泄露
	E. 设置隐藏文字	22	14.97	①隐藏的东西不会被盗取或篡改
	其余	8	5.44	

信息加密				
一般二阶问卷题目 （题干）	第一阶 选项	选择 人数	所占比 例（%）	第二阶 答案类型
经过一番查找，李冉得知，实现一次完整的"信息加密与解密"过程，通常需要由一组叫作"密钥"的东西来控制，其中负责加密的密钥称为加密密钥，负责解密的密钥叫作解密密钥。 3. 如果让你据此设计几类"信息加密与解密"的体制，你会如何设计？	A. 用数字和字母	34	23.13	①数字和字母可以组合出很多种可能，简便易实现
	B. 设置密码问题和解密问题	76	51.70	①密码问题的答案不易被遗忘，而且可以使密文的针对性、私有性很强
	C. 用数学算法	20	13.61	①数学课中学习过的算法可以解决这类问题
	其余	17	11.56	
最后，威廉采用了一种叫作"数字签名"的方式。 4. 你觉得"数字签名"是什么？	A. 用数字代替邮件内容	31	21.09	①即使邮件被盗取，由于其内容由数字组成，也不易被解读
	B. 用数字组成的签名	28	19.05	①根据字面理解
	C. 密码	42	28.57	①数字签名不应该破坏邮件的内容，密码不会破坏邮件的内容
	D. 验证码	32	21.77	①验证码通常由数字组成
	其余	14	9.52	
李冉接到邮件后，验证了该邮件确实来自威廉，并且验证了邮件内容在传输过程中并未遭到篡改。 5. 如果让你设计一种对邮件内容进行处理的方法，使李冉接收到邮件后，既能验证邮件确实来自威廉，又能确定邮件内容在传输过程中未遭篡改，你会如何设计？	A. 在邮件内容中加入特殊暗号	66	44.90	①根据特殊暗号可以很容易看出邮件是否来自威廉，是否被篡改过，简便易行
	B. 核实邮件的发送日期和接收日期	20	13.61	①日期属于系统管理，难以人工更改
	C. 把邮件内容拍照，再发送照片	23	15.65	①图片是无法更改的

续表

信息加密

一般二阶问卷题目 （题干）	第一阶 选项	选择 人数	所占比 例（%）	第二阶 答案类型
李冉接到邮件后，验证了该邮件确实来自威廉，并且验证了邮件内容在传输过程中并未遭到篡改。 5. 如果让你设计一种对邮件内容进行处理的方法，使李冉接收到邮件后，既能验证邮件确实来自威廉，又能确定邮件内容在传输过程中未遭篡改，你会如何设计？	D. 核对发件人电子邮箱地址	26	17.69	①如果邮件被篡改，发信地址会改变
	E. 限制邮件的字数	0	0	
	其余	12	8.16	

知识产权

一般二阶问卷题目 （题干）	第一阶 选项	选择 人数	所占比 例（%）	第二阶 答案类型
随着科技的发展，知识产权逐渐成为人们生活中一项重要的权利。目前，我国已经出台了一些法律法规对公民的知识产权进行保护。 1. 你觉得知识产权是什么？	A. 自己的知识或者发明，别人不可以用	24	14.81	①知识产权是个人智慧的成果，应该具有私有性
	B. 知识的拥有者用自己的知识来赚钱的权利	105	64.81	①知识要获利最直接的办法就是变为金钱 ②知识产权是用知识创造财富的法律表现
	C. 个人隐私	0	0	
	D. 学习了知识的凭证	16	9.88	①只有有了凭证，才能证明知识是自己的
	其余	17	10.49	
我国在1990年第七届全国人民代表大会常务委员会第15次会议上通过了《中华人民共和国著作权法》，并于2001年及2010年对该法进行了两次修正。 2. 假如你要写一篇文章，在你的文章中要引用你曾经看到过的一本书中的原文，你会怎么做？	A. 加标注或者在原文中说明这部分是引用的	84	51.85	①很多书上在引用处都有标注
	B. 把原文的意思用自己的话写出来	32	19.75	①用自己的话转述既能借用别人的思想，又免去了加标注的麻烦，还不构成侵权

知识产权				
一般二阶问卷题目 （题干）	第一阶 选项	选择 人数	所占比 例（%）	第二阶 答案类型
我国在 1990 年第七届全国人民代表大会常务委员会第 15 次会议上通过了《中华人民共和国著作权法》，并于 2001 年及 2010 年对该法进行了两次修正。 2. 假如你要写一篇文章，在你的文章中要引用你曾经看到过的一本书中的原文，你会怎么做？	C. 告知原作者，经他同意后再引用	33	20.37	①原作者本人知道了，就不构成侵权了
	D. 加引号	12	7.41	①引号自身的含义就是"这不是我自己的，是引的别人的"
	E. 无须做什么，这本书已发行，表明其内容是可以拿来用的	0	0	
	其余	1	0.62	
根据中华人民共和国知识产权局统计信息，截至 2011 年 8 月，我国 2011 年国内发明专利授权共 73073 项。 3. 某私营企业 A 今年开始投资生产一种产品，产品的名字、工序和另一家私营企业 B 原创并生产了 10 年之久的产品名字、工序是完全一样的，作为一家名声不大的私营小企业，B 企业一直未对该产品申请专利、注册商标，也从未对该产品进行过广告宣传，A 企业却抢先申请了专利，注册了商标。如果你是 B 企业的老板，你会如何做？	A. 从法律上讲，A 企业的行为侵犯了 B 企业的专利权，我会提起诉讼	84	51.85	①B 企业是该专利的真正拥有者，可以通过法律武器来保护自己
	B. 用该产品的原工序、名字，也去相关机构申请专利，注册商标，和 A 企业的专利并存	75	46.30	①虽然 A 企业抢先申请了专利，B 企业已经不可能撤销其专利，但是为了最大限度保护自己的利益，最好的办法就是去申请一个同样的专利
	其余	3	1.85	

附录 6　二阶选择题问卷

亲爱的同学：

您好！本次调查旨在了解您对信息技术课程内容的理解状况，问卷所收集的数据只用于研究，我们将对您的答案严格保密。特别说明：本次调查仅仅要了解您对信息技术课程内容的理解状况，而不是您对信息技术的课程内容的掌握程度，其评分标准也不是依据答案的对错，所以请一定将您的真实想法告诉我们。您的回答对我们的研究有非常重要的价值，谢谢您的支持与合作！

东北师范大学信息技术教育研究所

问卷中所有题目均为选择题，若选项中没有您认为合适的答案，请在题目后的空白处填写您认为正确的答案并说明理由。

小明暑假要去黄山旅行，他想从网上查找一些关于黄山的信息，却不知道该如何做，他的好友小红告诉他通过百度查找，另一位好友小鹏却告诉他通过雅虎查找。

小明决定通过雅虎查找一下黄山所在地——安徽省黄山市的天气，但是打开雅虎后，他却不知道该做什么了。

1. 请你告诉小明如何通过雅虎最快捷地完成这项任务。

我选择（单选）＿＿＿＿＿＿＿＿＿＿＿＿＿＿＿＿＿＿＿

A. 在雅虎搜索框中输入"安徽省黄山市天气"进行查找

B. 在雅虎中点击"天气"，再选择相应地点进行查找

我选择该项的理由是（可多选）＿＿＿＿＿＿＿＿＿＿＿＿＿

①自己输入关键词会出现一些无关信息

②百度等搜索引擎是这么用的

③雅虎有专门的天气预报专栏，这样搜索更直接快捷

④其他理由＿＿＿＿＿＿＿＿＿＿＿＿＿＿＿＿＿＿＿

以上均没有我认为正确的答案，我的理解是＿＿＿＿＿＿＿＿，因为＿＿＿＿＿＿＿＿

接下来，小明分别用百度和雅虎查找了关于黄山的一些信息，之后，他对百度和雅虎产生了兴趣：它们是如何工作的？它们为何能够为我们提供所需的信息？

2. 你觉得百度是如何工作的？为什么我们仅仅做了一些简单的操作，百度就能够为我们提供如此多的信息？

我选择（单选）＿＿＿＿＿＿＿＿＿＿＿＿＿＿＿＿＿＿

A. 百度以超级链接的方式链接到各个网站，并以词条的方式记录这些网站，当我们进行搜索时，百度便能根据这些词条列出网站

B. 百度有自己专用的信息库，这个信息库由百度聘请各领域的专家共同建设，当我们进行搜索时，百度在这个信息库里查找相应的内容，并以网页的形式提供给我们

C. 网民在百度上发帖回帖，百度从这些帖子中寻找我们所需要的信息

我选择该项的理由是（可多选）＿＿＿＿＿＿＿＿＿＿＿＿＿＿＿＿＿＿＿

①百度搜索出的结果基本上都是其他网站的内容，且每条搜索结果下都会给出网站的网址

②百度的搜索结果中，与用户输入的关键词匹配的词条通常都会以红色标记出来

③百度的速度这么快，说明信息库是自己的，百度只需要进自己公司的局域网就能把信息找到

④百度知道就是这样的

⑤其他理由＿＿＿＿＿＿＿＿＿＿＿＿＿＿＿＿＿＿

以上均没有我认为正确的答案，我的理解是＿＿＿＿＿＿＿＿，因为＿＿＿＿＿＿＿＿

3. 你觉得雅虎是如何工作的？它是如何做到能够为我们提供如此多的信息的？

我选择（单选）＿＿＿＿＿＿＿＿＿＿＿＿＿＿＿＿＿＿

A. 雅虎在其首页上，以超级链接的方式链接到各个网站，我们进

入雅虎直接点击自己需要的网站即可

B. 雅虎有很多员工在后台工作，当我们进行搜索时，这些员工便在网上查找相应的内容，并传到前台，继而呈现给用户

C. 雅虎有自己专用的信息库，当我们进行搜索时，雅虎在这个信息库里查找相应的内容，并以网页的形式提供给我们

我选择该项的理由是（单选）_____

①雅虎的速度比较慢

②雅虎搜索出的网页地址中都含有 yahoo

③雅虎主页上有很多点击就能进入网站的超级链接

④其他理由_____

以上均没有我认为正确的答案，我的理解是_____，因为_____

李冉即将接收一封远在德国的好友威廉的邮件，由于邮件中涉及非常重要的信息，威廉告诉李冉这封邮件可能涉及对邮件内容进行加密的问题。李冉上网查找了一些关于信息加密的知识，在查找过程中，她常常看到"明文"和"密文"两个词。

4. 你觉得"明文"和"密文"分别是什么？

我选择（单选）_____

A. 明文是没有隐藏的，密文是隐藏的，需要调整属性才能看到

B. 明文是公开的、无须输入密码就能看到的，密文是输入密码才能看到的

C. 明文是直接可以看懂的，密文是用事先规定好的符号表示的，不知道这些规定就看不懂

D. 在明文中，输入什么即显示什么，在密文中，输入的东西一律显示为 * 或者其他符号

我选择该项的理由是（可多选）_____

①在电影中看到的电报、摩尔斯电码就是一些事先规定好的符号

②在一些论坛上，一些重要的东西只有会员登录后才能看到，这些就是密文

③密文一定是很重要的，隐藏后就不会被盗取或篡改

④明文是完全公开的，密文是针对部分人公开的，密码能实现针对部分人公开

⑤密码应该是密文的一种，输入密码时一般会显示 *

⑥密文类似于 ASCII 码

⑦其他理由_____

以上均没有我认为正确的答案，我的理解是_____，因为_____

5. 如果你是威廉，在对邮件加密的过程中，你会对邮件内容做怎样的处理？

我选择（单选）_____

A. 设置密码

B. 发私信

C. 用别人看不懂的字符代替文字

D. 设置隐藏文字

我选择该项的理由是（单选）_____

①如果邮件中的文字只有收件人能看懂的话，即使出现了邮件被盗取等意外，邮件中的信息也不会泄露

②私信会受到其所在网站所属大公司的保护，比较安全

③设置密码后，即使他人登录收件人邮箱或者邮件中途遭到拦截也会因为打不开邮件而不能盗取或篡改邮件中的信息

④隐藏的东西不会被盗取或篡改

⑤其他理由_____

以上均没有我认为正确的答案，我的理解是_____，因为_____

经过一番查找，李冉得知，实现一次完整的"信息加密与解密"过程，通常需要由一组叫作"密钥"的东西来控制，其中负责加密的密钥称为加密密钥，负责解密的密钥叫作解密密钥。

6. 如果让你据此设计几类"信息加密与解密"的体制，你会采用何种策略？

我选择（单选）_____

A. 用数字和字母

B. 设置密码问题和解密问题

C. 用数学算法

我选择该项的理由是（单选）_____

①数字和字母可以组合出很多种可能，简便易实现

②数学课中学习过的算法可以解决这类问题

③密码问题的答案不易被遗忘，而且可以使密文的针对性、私有性很强

④其他理由_____

以上均没有我认为正确的答案，我的理解是_____，因为_____

最后，威廉采用了一种叫作"数字签名"的方式。

7. 你觉得"数字签名"是什么？

我选择（单选）_____

A. 用数字代替邮件内容

B. 用数字组成的签名

C. 密码

D. 验证码

我选择该项的理由是（单选）_____

①验证码通常由数字组成

②即使邮件被盗取，由于其内容由数字组成，也不易被解读

③数字签名不应该破坏邮件的内容，密码不会破坏邮件的内容

④根据字面理解

⑤其他理由_____

以上均没有我认为正确的答案，我的理解是_____，因为_____

李冉接到邮件后，验证了该邮件确实来自威廉，并且验证了邮件内容在传输过程中并未遭到篡改。

8. 如果让你设计一种对邮件内容进行处理的方法，使李冉接收到邮件后，既能验证邮件确实来自威廉，又能确定邮件内容在传输过程中

未遭篡改，你会如何设计？

我选择（单选）＿＿＿＿＿＿＿＿＿＿＿＿＿＿＿＿＿

A. 在邮件内容中加入特殊暗号

B. 核实邮件的发送日期和接收日期

C. 把邮件内容拍照，再发送照片

D. 核对发件人电子邮箱地址

我选择该项的理由是（单选）＿＿＿＿＿＿＿＿＿＿＿＿＿＿＿＿

①根据特殊暗号可以很容易看出邮件是否来自威廉，是否被篡改过，简便易行

②图片是无法更改的

③如果邮件被篡改，发信地址会改变

④日期属于系统管理，难以人工更改

⑤其他理由＿＿＿＿＿＿＿＿＿＿＿＿＿＿＿＿＿＿＿＿

以上均没有我认为正确的答案，我的理解是＿＿＿＿＿＿＿＿＿＿，因为＿＿＿＿＿＿＿＿＿

　　小轩想整理一下自己的计算机中各种各样的文件，可是看着眼前的一百多个文件，他不知从何下手了。老师建议他根据文件的不同类型，将它们存放在不同的文件夹中，并利用资源管理器对这些文件夹进行管理。

9. 你觉得资源管理器是做什么的？

我选择（单选）＿＿＿＿＿＿＿＿＿＿＿＿＿＿＿＿＿

A. 管理计算机文件的东西

B. 管理计算机系统的东西

C. 管理计算机进程、应用程序的东西

D. 计算机的 C 盘、D 盘等

我选择该项的理由是（单选）＿＿＿＿＿＿＿＿＿＿＿＿＿＿＿＿

①计算机的存储系统由资源管理器进行管理

②打开资源管理器就能看到计算机中的所有文件

③计算机中的各种资源存放在各个盘里

④日常使用计算机时按 Ctrl + Alt + Del 就能启动资源管理器并进行

结束进程等操作

⑤其他理由＿＿＿＿＿＿＿＿＿＿＿＿＿＿＿

以上均没有我认为正确的答案，我的理解是＿＿＿＿＿＿＿＿＿，因

为＿＿＿＿＿＿＿

10. 你觉得计算机中的文件是什么？

我选择（单选）＿＿＿＿＿＿＿＿＿＿＿＿＿＿＿

A. 计算机的基本单位

B. 程序或者软件

C. 各种类型的图片、文字等

D. 数据

E. 信息

我选择该项的理由是（单选）＿＿＿＿＿＿＿＿＿＿＿＿＿

①计算机只认识数字（数据），这些数据的表现形式就是文件

②计算机是由各种文件组成的

③平时就把计算机中的图片、文本文档等叫文件

④计算机中的所有文件提供给我们的都是信息

⑤下载程序或软件的时候，会弹出"文件下载"的对话框

⑥其他理由＿＿＿＿＿＿＿＿＿＿＿＿＿＿＿

以上均没有我认为正确的答案，我的理解是＿＿＿＿＿＿＿＿＿，因

为＿＿＿＿＿＿＿

小轩采纳老师的建议，想从文件类型入手将文件进行分类，老师告诉他从文件名中的扩展名部分能分辨出文件的类型。

11. 你觉得文件名包括哪几个部分？

我选择（单选）＿＿＿＿＿＿＿＿＿＿＿＿＿＿＿

A. 用户自己命名的部分、文件类型

B. 用户自己命名的部分、文件大小、文件来源

C. 用户自己命名的部分、文件类型、修改日期

我选择该项的理由是（单选）＿＿＿＿＿＿＿＿＿＿＿＿＿

①移动鼠标到文件上，会出现类型、修改日期等

②在文件的属性中可以看到完整的文件名包括用户自己命名的部分

和文件类型

③用 QQ 传文件成功的时候，QQ 界面上显示的文件图标旁边写着文件的大小等

④其他理由＿＿＿＿＿＿＿＿＿＿＿＿＿＿＿＿

以上均没有我认为正确的答案，我的理解是＿＿＿＿＿＿＿＿，因为＿＿＿＿＿＿＿＿

经过一番努力，小轩终于将这些文件分门别类了，老师提醒他一定不要忘记文件的存放位置，以便于查找使用这些文件。

12. 假设小轩的计算机中有一个文件，文件名为"弟子规.doc"，存放在了 D 盘下的"学习资料"文件夹中的"语文"子文件夹中的"阅读资料"子文件夹中。请你试着写出这个文件的存储路径。

我选择（单选）＿＿＿＿＿＿＿＿＿＿＿＿＿＿＿＿

A. D——学习资料——语文——阅读资料——弟子规.doc

B. D：\ 学习资料 \ 语文 \ 阅读资料 \ 弟子规.doc

C. 另存为，D 盘，学习资料文件夹，语文文件夹，阅读资料文件夹，保存

我选择该项的理由是（单选）＿＿＿＿＿＿＿＿＿＿＿＿＿＿

①打开文件的顺序就是这样的

②在文件打开窗口的地址栏里会看到这行文字

③存储文件的顺序就是这样的

④其他理由＿＿＿＿＿＿＿＿＿＿＿＿＿＿＿＿

以上均没有我认为正确的答案，我的理解是＿＿＿＿＿＿＿＿，因为＿＿＿＿＿＿＿＿

我们在使用计算机时，必不可少的一项技能就是输入汉字。我们用手指敲动键盘，计算机显示屏上便能出现我们想输入的汉字，这个过程看起来很简单，实际上经历了较为复杂的处理过程。

13. 你觉得汉字在输入计算机的时候，在计算机内部处理的时候，以及在显示屏输出的时候，它的形式有没有发生变化？

我选择（单选）＿＿＿＿＿＿＿＿＿＿＿＿＿＿＿＿

A. 由拼音到汉字

B. 由计算机代码到汉字

C. 由拼音到二进制数字再到可视图像

我选择该项的理由是（单选）＿＿＿＿＿＿＿＿＿＿＿＿＿＿

①一般在打字时打进去的是拼音，屏幕上显示的是汉字

②计算机只认识二进制数字，而计算机呈现给人们的汉字有颜色有字体，可以看成是图像

③汉字在计算机中用 ASCII 码表示

④其他理由＿＿＿＿＿＿＿＿＿＿＿＿＿＿＿＿＿＿＿

以上均没有我认为正确的答案，我的理解是＿＿＿＿＿＿＿＿，因为＿＿＿＿＿＿＿＿

14. 我们知道，计算机只能识别二进制数字，那么你认为汉字是通过什么样的渠道转化成二进制的？

我选择（单选）＿＿＿＿＿＿＿＿＿＿＿＿＿＿＿＿＿

A. 根据汉字的笔画、面积、颜色，用 0、1 对汉字进行编号

B. 根据汉字的拼音，用 0、1 对汉字进行编号

C. 通过电流

D. 通过电脑中的字库程序

E. 汉字先变成十进制，再变成二进制

我选择该项的理由是（单选）＿＿＿＿＿＿＿＿＿＿＿＿＿＿

①相对于二进制，十进制更贴近人们的生活

②输入法软件会经常提示我们更新字库

③一般在打字时打进去的是拼音，计算机只能对其接收到的拼音进行编号

④每个汉字的编号应该是唯一的，这就需要将笔画、面积、颜色等多种因素综合起来考虑，才不会使编号重复

⑤物理课中学习过有电流通过则记为 1，无电流通过则记为 0，计算机可以利用这一原理编号

⑥其他理由＿＿＿＿＿＿＿＿＿＿＿＿＿＿＿＿＿＿＿

以上均没有我认为正确的答案，我的理解是＿＿＿＿＿＿＿＿，因为＿＿＿＿＿＿＿＿

15. 你觉得汉字在计算机中占多大空间？

我选择（单选）＿＿＿＿＿＿＿＿＿＿＿＿＿＿＿＿＿

A. 每个汉字占两个字节

B. 每个汉字占一个字节

C. 每个字母占一个字节

D. 把汉字拆开，有几个部分就占几个字节

我选择该项的理由是（可多选）＿＿＿＿＿＿＿＿＿＿＿＿＿

①用五笔打字的时候，将汉字拆成几部分输进去

②新建一个文本文档，在里面输入一个汉字，关闭后看文本文档的属性就可以看出来

③用手机发短信的时候，每输入一个字，顶端的计数器就减少一个数

④一般在打字时打进去的是拼音，拼音是由字母组成的

⑤在 Word 中打两个空格，是一个汉字的位置

⑥计算机最初是外国人发明的，汉字应该先转化为字母，计算机才能处理

⑦其他理由＿＿＿＿＿＿＿＿＿＿＿＿＿＿＿＿＿＿＿＿

以上均没有我认为正确的答案，我的理解是＿＿＿＿＿＿＿＿＿＿，因为＿＿＿＿＿＿＿＿＿＿

随着科技的发展，知识产权逐渐成为人们生活中一项重要的权利。目前，我国已经出台了一些法律法规对公民的知识产权进行保护。

16. 你觉得知识产权是什么？

我选择（单选）＿＿＿＿＿＿＿＿＿＿＿＿＿＿＿＿＿

A. 自己的知识或者发明，别人不可以用

B. 知识的拥有者用自己的知识来赚钱的权利

C. 学习了知识的凭证

我选择该项的理由是（可多选）＿＿＿＿＿＿＿＿＿＿＿＿＿

①知识要获利最直接的办法就是变为金钱

②只有有了凭证，才能证明知识是自己的

③知识产权是个人智慧的成果，应该具有私有性

④在电视上或者网络上看到的和知识产权有关的案例，都是和金钱相关的

⑤其他理由＿＿＿＿＿＿＿＿＿＿＿＿＿＿＿＿＿＿＿

以上均没有我认为正确的答案，我的理解是＿＿＿＿＿＿＿＿＿，因为＿＿＿＿＿＿＿＿＿

我国在1990年第七届全国人民代表大会常务委员会第15次会议上通过了《中华人民共和国著作权法》，并于2001年及2010年对该法进行了两次修正。

17. 假如你要写一篇文章，在你的文章中要引用你曾经看到过的一本书中的原文，你会怎么做？

我选择（单选）＿＿＿＿＿＿＿＿＿＿＿＿＿＿＿＿＿

A. 加标注，从而说明这部分是引用的

B. 把原文的意思用自己的话写出来

C. 告知原作者，经他同意后再引用

D. 加引号

我选择该项的理由是（单选）＿＿＿＿＿＿＿＿＿＿＿＿＿＿

①很多书上在引用处都有标注

②原作者本人知道了，就不构成侵权了

③引号自身的含义就是"这不是我自己的，是引的别人的"

④用自己的话转述既能借用别人的思想，又免去了加标注的麻烦，还不构成侵权

⑤其他理由＿＿＿＿＿＿＿＿＿＿＿＿＿＿＿＿＿＿＿

以上均没有我认为正确的答案，我的理解是＿＿＿＿＿＿＿＿＿，因为＿＿＿＿＿＿＿＿＿

根据中华人民共和国知识产权局统计信息，截至2011年8月，我国2011年国内发明专利授权共73073项。

18. 某私营企业A今年开始投资生产一种产品，产品的名字、工序和另一家私营企业B原创并生产了10年之久的产品名字、工序是完全一样的，作为一家名声不大的私营小企业，B企业一直未对该产品申请专利、注册商标，也从未对该产品进行过广告宣传，A企业却抢先申请

了专利，注册了商标。如果你是 B 企业的老板，你会如何做？

我选择（单选）_____

A. 从法律上讲，A 企业的行为侵犯了 B 企业的专利权，我会提起诉讼

B. 用该产品的原工序、名字，也去相关机构申请专利，注册商标，和 A 企业的专利并存

我选择该项的理由是（单选）_____

①B 企业是该专利的真正拥有者，可以通过法律武器来保护自己

②虽然 A 企业抢先申请了专利，B 企业已经不可能撤销其专利，但是为了最大限度保护自己的利益，最好的办法就是去申请一个同样的专利

③其他理由_____

以上均没有我认为正确的答案，我的理解是_____，因为_____

问卷作答到此结束，再次感谢您的合作！

附录7 五个学习单元主要概念类型表

		搜索引擎	
概念类型	知识点	概念	理由
（基本）科学	目录搜索引擎的使用方法	B. 在雅虎中点击"天气"，再选择相应地点进行查找	①自己输入关键词会出现一些无关信息
	目录搜索引擎的使用方法	B. 在雅虎中点击"天气"，再选择相应地点进行查找	③雅虎有专门的天气预报专栏，这样搜索更直接快捷
张冠李戴	目录搜索引擎的使用方法	A. 在雅虎搜索框中输入"安徽省黄山市天气"进行查找	②百度等搜索引擎是这么用的
以偏概全	全文搜索引擎的工作原理	C. 网民在百度上发帖回帖，百度从这些帖子中寻找我们所需要的信息	④百度知道就是这样的
由表及里	全文搜索引擎的工作原理	A. 百度以超级链接的方式链接到各个网站，并以词条的方式记录这些网站，当我们进行搜索时，百度便能根据这些词条列出网站	①百度搜索出的结果基本上都是其他网站的内容，且每条搜索结果下都会给出网站的网址
	全文搜索引擎的工作原理	A. 百度以超级链接的方式链接到各个网站，并以词条的方式记录这些网站，当我们进行搜索时，百度便能根据这些词条列出网站	②百度的搜索结果中，与用户输入的关键词匹配的词条通常都会以红色标记出来
	目录搜索引擎的工作原理	A. 雅虎在其首页上，以超级链接的方式链接到各个网站，我们进入雅虎直接点击自己需要的网站即可	③雅虎主页上有很多点击就能进入网站的超级链接
	目录搜索引擎的工作原理	C. 雅虎有自己专用的信息库，当我们进行搜索时，雅虎在这个信息库里查找相应的内容，并以网页的形式提供给我们	②雅虎搜索出的网页地址中都含有 yahoo

续表

搜索引擎			
概念类型	知识点	概念	理由
性质使然	全文搜索引擎的工作原理	B. 百度有自己专用的信息库，这个信息库由百度聘请各领域的专家共同建设，当我们进行搜索时，百度在这个信息库里查找相应的内容，并以网页的形式提供给我们	③百度的速度这么快，说明信息库是自己的，百度只需要进自己公司的局域网就能把信息找到
	目录搜索引擎的工作原理	B. 雅虎有很多员工在后台工作，当我们进行搜索时，这些员工便在网上查找相应的内容，并传到前台，继而呈现给用户	①雅虎的速度比较慢

汉字的处理			
概念类型	知识点	概念	理由
（基本）科学	汉字机内码的存储	A. 每个汉字占两个字节	②新建一个文本文档，在里面输入一个汉字，关闭后看文本文档的属性就可以看出来
	汉字机内码的存储	A. 每个汉字占两个字节	⑤在 Word 中打两个空格，是一个汉字的位置
张冠李戴	汉字编码的类型	B. 由计算机代码到汉字	③汉字在计算机中用 ASCII 码表示
	汉字转化成二进制的渠道	C. 通过电流	⑤物理课中学习过有电流通过则记为 1，无电流通过则记为 0，计算机可以利用这一原理编号

汉字的处理			
概念类型	知识点	概念	理由
由表及里	汉字编码的类型	A. 由拼音到汉字	①一般在打字时打进去的是拼音，屏幕上显示的是汉字
	汉字编码的类型	C. 由拼音到二进制数字再到可视图像	②计算机只认识二进制数字，而计算机呈现给人们的汉字有颜色有字体，可以看成是图像
	汉字转化成二进制的渠道	B. 根据汉字的拼音，用0、1对汉字进行编号	③一般在打字时打进去的是拼音，计算机只能对其接收到的拼音进行编号
	汉字转化成二进制的渠道	D. 通过电脑中的字库程序	②输入法软件会经常提示我们更新字库
	汉字机内码的存储	B. 每个汉字占一个字节	③用手机发短信的时候，每输入一个字，顶端的计数器就减少一个数
	汉字机内码的存储	C. 每个字母占一个字节	④一般在打字时打进去的是拼音，拼音是由字母组成的
	汉字机内码的存储	D. 把汉字拆开，有几个部分就占几个字节	①用五笔打字的时候，将汉字拆成几部分输进去
性质使然	汉字转化成二进制的渠道	A. 根据汉字的笔画、面积、颜色，用0、1对汉字进行编号	④每个汉字的编号应该是唯一的，这就需要将笔画、面积、颜色等多种因素综合起来考虑，才不会使编号重复
	汉字机内码的存储	C. 每个字母占一个字节	⑥计算机最初是外国人发明的，汉字应该先转化为字母，计算机才能处理
生活推理	汉字转化成二进制的渠道	E. 汉字先变成十进制，再变成二进制	①相对于二进制，十进制更贴近人们的生活

续表

资源管理器			
概念类型	知识点	概念	理由
（基本）科学	资源管理器的作用	A. 管理计算机文件的东西	②打开资源管理器就能看到计算机中的所有文件
	文件的含义	A. 计算机的基本单位	②计算机是由各种文件组成的
	文件的含义	D. 数据	①计算机只认识数字（数据），这些数据的表现形式就是文件
	文件的含义	E. 信息	④计算机中的所有文件提供给我们的都是信息
	文件名的组成	A. 用户自己命名的部分、文件类型	②在文件的属性中可以看到完整的文件名包括用户自己命名的部分和文件类型
	文件在计算机中存储的路径	B. D：\ 学习资料 \ 语文 \ 阅读资料 \ 弟子规 . doc	②在文件打开窗口的地址栏里会看到这行文字
张冠李戴	资源管理器的作用	B. 管理计算机系统的东西	①计算机的存储系统由资源管理器进行管理
	资源管理器的作用	C. 管理计算机进程、应用程序的东西	④日常使用计算机时按 Ctrl + Alt + Del 就能启动资源管理器并进行结束进程等操作
	文件在计算机中存储的路径	A. D——学习资料——语文——阅读资料——弟子规 . doc	①打开文件的顺序就是这样的
	文件在计算机中存储的路径	C. 另存为，D 盘，学习资料文件夹，语文文件夹，阅读资料文件夹，保存	③存储文件的顺序就是这样的

续表

资源管理器			
概念类型	知识点	概念	理由
以偏概全	文件的含义	B. 程序或者软件	⑤下载程序或软件的时候，会弹出"文件下载"的对话框
	文件的含义	C. 各种类型的图片、文字等	③平时就把计算机中的图片、文本文档等叫文件
由表及里	文件名的组成	B. 用户自己命名的部分、文件大小、文件来源	③用 QQ 传文件成功的时候，QQ 界面上显示的文件图标旁边写着文件的大小等
	文件名的组成	C. 用户自己命名的部分、文件类型、修改日期	①移动鼠标到文件上，会出现类型、修改日期等
	资源管理器的作用	D. 计算机的 C 盘、D 盘等	③计算机中的各种资源存放在各个盘里
信息加密			
概念类型	知识点	概念	理由
（基本）科学	明文与密文的含义	C. 明文是直接可以看懂的，密文是用事先规定好的符号表示的，不知道这些规定就看不懂	①在电影中看到的电报、摩尔斯电码就是一些事先规定好的符号
	信息加密的原理	C. 用别人看不懂的字符代替文字	①如果邮件中的文字只有收件人能看懂的话，即使出现了邮件被盗取等意外，邮件中的信息也不会泄露
	密码体制的分类	C. 用数学算法	②数学课中学习过的算法可以解决这类问题

信息加密			
概念类型	知识点	概念	理由
张冠李戴	明文与密文的含义	A. 明文是没有隐藏的，密文是隐藏的，需要调整属性才能看到	②在一些论坛上，一些重要的东西只有会员登录后才能看到，这些就是密文
	明文与密文的含义	D. 在明文中，输入什么即显示什么，在密文中，输入的东西一律显示为 * 或者其他符号	⑤密码应该是密文的一种，输入密码时一般会显示 *
	数字签名的含义	D. 验证码	①验证码通常由数字组成
由表及里	数字签名的含义	B. 用数字组成的签名	④根据字面理解
性质使然	明文与密文的含义	A. 明文是没有隐藏的，密文是隐藏的，需要调整属性才能看到	③密文一定是很重要的，隐藏后就不会被盗取或篡改
	明文与密文的含义	B. 明文是公开的、无须输入密码就能看到的，密文是输入密码才能看到的	④明文是完全公开的，密文是针对部分人公开的，密码能实现针对部分人公开
	数字签名的含义	C. 密码	③数字签名不应该破坏邮件的内容，密码不会破坏邮件的内容

信息加密			
概念类型	知识点	概念	理由
生活推理	信息加密的原理	A. 设置密码	③设置密码后，即使他人登录收件人邮箱或者邮件中途遭到拦截也会因为打不开邮件而不能盗取或篡改邮件中的信息
	信息加密的原理	B. 发私信	②私信会受到其所在网站所属大公司的保护，比较安全
	信息加密的原理	D. 设置隐藏文字	④隐藏的东西不会被盗取或篡改
	密码体制的分类	A. 用数字和字母	①数字和字母可以组合出很多种可能，简便易实现
	密码体制的分类	B. 设置密码问题和解密问题	③密码问题的答案不易被遗忘，而且可以使密文的针对性、私有性很强
	数字签名的含义	A. 用数字代替邮件内容	②即使邮件被盗取，由于其内容由数字组成，也不易被解读
	基于公开密钥加密算法的数字签名的原理	A. 在邮件内容中加入特殊暗号	①根据特殊暗号可以很容易看出邮件是否来自威廉，是否被篡改过，简便易行
	基于公开密钥加密算法的数字签名的原理	B. 核实邮件的发送日期和接收日期	④日期属于系统管理，难以人工更改
	基于公开密钥加密算法的数字签名的原理	C. 把邮件内容拍照，再发送照片	②图片是无法更改的
	基于公开密钥加密算法的数字签名的原理	D. 核对发件人电子邮箱地址	③如果邮件被篡改，发信地址会改变

续表

知识产权			
概念类型	知识点	概念	理由
（基本）科学	著作权	A. 加标注，从而说明这部分是引用的	①很多书上在引用处都有标注
	专利权	A. 从法律上讲，A 企业的行为侵犯了 B 企业的专利权，我会提起诉讼	①B 企业是该专利的真正拥有者，可以通过法律武器来保护自己
由表及里	知识产权的含义	B. 知识的拥有者用自己的知识来赚钱的权利	④在电视上或者网络上看到的和知识产权有关的案例，都是和金钱相关的
性质使然	知识产权的含义	A. 自己的知识或者发明，别人不可以用	③知识产权是个人智慧的成果，应该具有私有性
生活推理	知识产权的含义	B. 知识的拥有者用自己的知识来赚钱的权利	①知识要获利最直接的办法就是变为金钱
	知识产权的含义	C. 学习了知识的凭证	②只有有了凭证，才能证明知识是自己的
	著作权	B. 把原文的意思用自己的话写出来	④用自己的话转述既能借用别人的思想，又免去了加标注的麻烦，还不构成侵权
	著作权	C. 告知原作者，经他同意后再引用	②原作者本人知道了，就不构成侵权了
	著作权	D. 加引号	③引号自身的含义就是"这不是我自己的，是引的别人的"
	专利权	B. 用该产品的原工序、名字，也去相关机构申请专利，注册商标，和 A 企业的专利并存	②虽然 A 企业抢先申请了专利，B 企业已经不可能撤销其专利，但是为了最大限度保护自己的利益，最好的办法就是去申请一个同样的专利

参考文献

［1］蔡铁权、姜旭英、胡玫：《概念转变的科学教学》，教育科学出版社 2009 年版。

［2］董玉琦、包正委、刘向永、王靖、伊亮亮：《高中信息技术原有认知测试工具的开发——基于 CTCL 的信息技术学科学习心理研究（2）》，《远程教育杂志》2013 年第 1 期。

［3］董玉琦、王靖、伊亮亮等：《CTCL：教育技术学研究的新范式（1）——基本构想与初步研究》，《远程教育杂志》2012 年第 4 期。

［4］董玉琦：《信息技术课程研究：体系化、方法论与发展方向》，《中国电化教育》2007 年第 3 期。

［5］董玉琦：《普通高中信息技术课程标准研制省思》，《电化教育研究》2004 年第 9 期。

［6］董玉琦：《信息教育课程设计原理》，博士学位论文，东北师范大学，2003 年。

［7］高文等：《学习科学的关键词》，华东师范大学出版社 2008 年版。

［8］何克抗：《建构主义的教学模式、教学方法与教学设计》，《北京师范大学学报》（社会科学版）1997 年第 5 期。

［9］黄希庭、杨治良、林崇德：《心理学大辞典》，上海教育出版社 2003 年版。

［10］黄玉菁：《以纸笔测验探讨高二学生粒子迷思概念》，硕士学位论文，台湾师范大学，2003 年。

［11］梁雅琇：《电脑病毒迷思概念与概念改变教学成效之研究》，硕

士学位论文，国立台东大学，2007 年。

[12] 刘向永、谢建、蔡耘等：《农村初中学生信息素养现状的调查与分析》，《现代教育技术》2008 年第 8 期。

[13] 时延娇：《基于信息技术课程培养初中生信息素养的教学策略研究——以新疆巴州地区为例》，博士学位论文，陕西师范大学，2012 年。

[14] 王靖、董玉琦：《高中信息技术原有认知测试工具的开发——基于 CTCL 的信息技术学科学习心理研究（2）》，《远程教育杂志》2013 年第 1 期。

[15] 王靖、董玉琦：《高中信息技术学习之前的认知状况调查——基于 CTCL 的信息技术学科学习心理研究（1）》，《远程教育杂志》2012 年第 5 期。

[16] 吴復中、林陈涌：《概念生态对国中学生"呼吸作用"概念发展的影响》，http://www.nknu.edu.tw/~gise/17years/D42.doc，2001 - 07 - 18。

[17] 吴娴、罗星凯、辛涛：《概念转变理论及其发展述评》，《心理科学进展》2008 年第 6 期。

[18] 熊淳：《日本的教师专业标准研究》，《外国中小学教育》2009 年第 5 期。

[19] 熊建辉：《教师专业标准研究——基于国际案例的视角》，博士学位论文，华东师范大学，2008 年。

[20] 杨宁、包正委、董玉琦：《英国信息通信技术教师的职前培养及启示》，《集美大学学报》2010 年第 2 期。

[21] 张建伟：《概念转变模型及其发展》，《心理学动态》1998 年第 3 期。

[22] 张丽锦、万富熹、杨小冬：《学前儿童朴素生物学理论及其获得机制》，《心理科学进展》2004 年第 3 期。

[23] 赵军燕、俞国良：《儿童概念转换中的信息评估》，《心理科学》2009 年第 5 期。

[24] 钟柏昌、李艺：《信息技术课程内容组织的三层架构》，《电化

教育研究》2012 年第 5 期。

［25］钟志贤、刘春燕：《论学习环境设计中的任务、情境与问题概念》，《电化教育研究》2006 年第 3 期。

［26］Andre Giordan、裴新宁著：《变构模型——学习研究的新路径》，杭零译，教育科学出版社 2010 年版。

［27］Donovan M. S.，Bransford J. D. 著：《学生是如何学习的——课堂中的科学》，宋时春译，广西师范大学出版社 2011 年版。

［28］Gagne R. M. 等著：《教学设计原理》，皮连生、庞维国等译，华东师范大学出版社 1999 年版。

［29］Gardner H. 著：《未受学科训练的心智》，张开冰译，学苑出版社 2008 年版。

［30］Jonassen D. 著：《用于概念转变的思维工具——技术支持的思维建模》（第三版），顾小清等译，华东师范大学出版社 2008 年版。

［31］Jonassen D. 等著：《学会用技术解决问题——一个建构主义者的视角》（第二版），任友群、李妍、施彬飞译，教育科学出版社 2007 年版。

［32］Schunk D. H. 著：《学习理论：教育的视角》，韦小满等译，江苏教育出版社 2004 年版。

［33］细谷纯：《教科学習の心理学》，东北大学出版会 2001 年版。

［34］Alan Bryman. Social Research Methods [M]. New York：Oxford University Press，2008：160.

［35］Angeli C，Valanides N，Lazarou D，et al. Observe，Discuss，and Reason with Evidence in Science：Scaffolding Conceptual Change with ODRES [C]. In：IADIS International Conference on Cognition and Exploratory Learning in Digital Age（CELDA），2005：131 –138.

［36］Bransford J D，Brown A L，Cocking R R. How People Learn：Brain，Mind，Experience，and School [M]. Washington，D. C.：National Academy Press，2000：13.

[37] Burke Johnson, Larry Christensen. Educational Research: Quantitative, Qualitative, and Mixed Approaches [M]. Boston: Pearson Education, Inc. , 2004: 96.

[38] Carew T J, Magsamen S H. Neuroscience and Education: an Ideal Partnership for Producing Evidence - Based Solutions to Guide 21st Century Learning [J]. Neuron, 2010, 67 (5): 685 - 688.

[39] Champagne A B, Klopfer L E, Anderson J H. Factors Influencing the Learning of Classical Mechanics [J]. American Journal of Physics, 1980, 48 (12): 1074 - 1079.

[40] Chi M T H, Treagust D F. Conceptual Change in Learning Genetics: an Ontological Perspective [J]. Research in Science & Technological Education, 2004, 22 (2): 185 - 202.

[41] Chi M T H, Slotta J D, Leeuw N. From Things to Processes: a Theory of Conceptual Change for Learning Science Concepts [J]. Learning and Instruction, 1994 (4): 27 - 43.

[42] Chi M T H. Conceptual Change across Ontological Categories: Examples from Learning and Discovery in Science. In Giere F. Cognitive Models of Science: Minnesota Studies in the Philosophy of Science [M]. Minneapolis: University of Minnesota Press, 1992: 129 - 160.

[43] Choi I, Land S M, Turgeon A J. Scaffolding Peer - Questioning Strategies to Facilitate Metacognition During Online Small Group Discussion [J]. Instructional Science, 2005, 33: 483 - 511.

[44] Choi J I, Hannafin M. Situated Cognition and Learning Environments: Roles, Structures, and Implications for Design [J]. Educational Technology Research and Development, 1995 (43): 53 - 69.

[45] Choy S. Transformational Learning in the Workplace [J]. Journal of Transformative Education, 2009, 7 (1): 65 - 84.

[46] Clark R E. Reconsidering Research on Learning from Media [J]. Re-

view of Educational Research, 1983, 53 (4): 445 – 459.

[47] Cobb P. Where is the Mind? Constructivist and Sociocultural Perspectives on Mathematical Development [J]. Educational Researcher, 1994, 23 (7): 13 – 20.

[48] DiPietro K, Walker A. Examining Pedagogical Belief Changes in Teacher Education [EB/OL]. http: //www. lehigh. edu/ ~ kad9/ Portfolio/P_ Beliefs_ submission. pdf, 2013 – 07 – 02.

[49] DiSessa A. Towards an Epistemology of Physics [J]. Cognition and Instruction, 1993 (10): 105 – 225.

[50] Dole J A, Sinatra G M. Reconceptualizing Change in the Cognitive Construction of Knowledge [J]. Educational Psychologist, 1998, 33 (2 – 3): 109 – 128.

[51] Driver R, Oldham V. A Constructivist Approach to Curriculum Development in Science [J]. Studies in Science Education, 1986, 13: 105 – 122.

[52] Driver R, Easley J. Pupils and Paradigms: A Review of Literature Related to Concept Development in Adolescent Science Students [J]. Studies in Science Education, 1978 (5): 62 – 84.

[53] Eyford G A. Cultural Dimensions of Learning [J]. International Review of Education, 1990, 36 (2): 195 – 205.

[54] Gregoire M. Is it a Challenge or a Threat? A Dual – Process Model of Teachers' Cognition and Appraisal Process During Conceptual Change [J]. Educational Psychology Review, 2003, 15 (2): 117 – 155.

[55] Grimmet P, MacKinnon A. Craft knowledge and the Education of Teachers [C]. In: Grant G, eds. Review of Research in Education. Washington, D. C.: AERA, 1992: 59 – 74.

[56] Gunstone R F, White R T. Understanding of Gravity [J]. Science Education, 1981, 65 (3): 291 – 199.

[57] Hatano G. Inagaki K. When is Conceptual Change Intended? A Cog-

nitive Sociocultural View. In: Sinatra G M, Pintrich P R, eds. Intentional Conceptual Change [M]. Mahwah, NJ: L Erlbaum, 2003: 407 – 427.

[58] Hewson P W, Lemberger J. Status as the Hallmark of Conceptual Change. In: Millar R, Leach J, Osborne J, eds. Improving Science Education: The Contribution of Research [M]. UK: Open University, 2000: 110 – 125.

[59] Hewson P W. A Conceptual Change Approach to Leaming Science [J]. European Journal of Science Education, 1981, 3 (4): 383 – 396.

[60] Hiebert J, Carpenter T P. Learning and Teaching with Understanding. In: Grouws D A, eds. Handbook of Research in Mathematics Teaching and Learning [M]. New York: MacMillan, 1992: 65 – 100.

[61] Holton D, Clarke D. Scaffolding and Metacognition [J]. International Journal of Mathematical Education in Science and Technology, 2006, 37 (2): 127 – 143.

[62] Holvikivi J. Culture and Cognition in Information Technology Education [J]. European Journal of Engineering Education, 2007 (32): 73 – 82.

[63] Interstate Teacher Assessment and Support Consortium. Model Core Teaching Standards: A Resource for State Dialogue [S]. Washington, D. C. : Council of Chief State School Officers, 2011.

[64] Jonassen D, Strobel J, Gottdenker J. Model Building for Conceptual Change [J]. Interactive Learning Environments, 2005, 13 (1 – 2): 15 – 37.

[65] Jonassen D. Designing Constructivist Learning Environments. In: Reigeluth C M, eds. Instructional Design Theories and Models A New Paradiam of Instructional Theory [C]. New Jersey: Lawrence Erlbaum Associates Inc. , 1999: 234 – 236.

[66] Jonassen D H. Instructional Design Model for Well – Structured and Ill – Structured Problem – Solving Learning Outcomes [J]. Educational Technology: Research and Development, 1997, 45 (1): 65 – 95.

[67] Kali Y, Linn M C. Designing Effective Visualizations for Elementary School Science [J]. The Elementary School Journal, 2008 (109): 181 – 198.

[68] Keil F C. Conceptual Change. In: Wilson R A, Keil F C, eds. The MIT Encylopedia of the Cognitive Sciences [M]. London: MIT Press, 1999: 179 – 182.

[69] Keisha V, Linn M C. Using Interactive Technology to Support Students' Understanding of the Greenhouse Effect and Global Warming [J]. Journal of Science Educational Technology, 2012 (21): 453 – 464.

[70] Lee G, Kwon J. What do We Know about Students' Cognitive Conflict in Science Classroon: A Theoretical Model of Cognitive Conflict Process [R]. In: Proceedings of the Annual Meeting of the Association for the Education of Teachers in Science. Costa Mesa, CA, 2001.

[71] Linn M C, Eylon B S. Science Learning and Instruction Taking Advantage of Technology to Promote Knowledge Integration [M]. New York: Routledge, 2011: 5.

[72] Linn M C, Eylon B S. Science Education: Integrating Views of Learning and Instruction. In: Alexander P A, Winne P H, eds. Handbook of Educational Psychology [M]. New Jersey: Lawrence Erlbaum Associates, 2006: 511 – 544.

[73] Liu Ou Lydia, Lee Hee Sun, Linn Marcia C. Measuring Knowledge Integration: Validation of Four – Year Assessments [J]. Journal of Research in Science Teaching, 2011 (48): 1079 – 1107.

[74] Mayer R E. Understanding Conceptual Change: A Commentary. In:

Limon M, Mason L, eds. Reconsidering Conceptual Change: Issues in Theory and Practice [M]. Dordrecht/Boston/London: Kluwer Academic Publishers, 2002: 101 – 114.

[75] Mayer R E. Multimedia Learning [J]. Psychology of Learning and Motivation, 2002, 41: 85 – 139.

[76] Mayer R E, Sims V K. For Whom is a Picture Worth a Thousand Words? Extensions of a Dual – coding Theory of Multimedia Learning [J]. Journal of Educational Psychology, 1994, 86 (3): 389.

[77] McKenney S, Reeves T C. Constructing Educational Design Research [M]. London: Routledge, 2012: 13.

[78] Megan B, Douglas M. Cultural Processes in Science Education: Supporting the Navigation of Multiple Epistemologies [J]. Science Education, 2010 (94): 1008 – 1026.

[79] Nejla Yürük. The Effect of Supplementing Instruction with Conceptual Change Texts on Students' Conceptions of Electrochemical Cells [J]. Journal of Science Education Technology, 2007 (16): 515 – 523.

[80] Nussbaum J, Novick N. Alternative Frameworks, Conceptual Conflict, and Accommodation: Toward a Principled Teaching Strategy [J]. Instructional Science, 1982, 11 (3): 183 – 200.

[81] Paivio A. Coding Distinctions and Repetition Effects in Memory [J]. The Psychology of Learning and Motivation, 1975 (9): 179 – 214.

[82] Pintrich P R, Marx R W, Boyle R B. Beyond Cold Conceptual Change: The Role of Motivational Beliefs and Classroom Contextual Factors in the Process of Conceptual Change [J]. Review of Educational Research, 1993 (63): 167 – 199.

[83] Posner G J, Strike K A, Hewson P W, et al. Accommodation of a Scientific Conception: Toward a Theory of Conceptual Change [J]. Science Education, 1982, 66 (2): 211 – 227.

[84] Quintana C, Reiser J B, Davis A E, et al. A Scaffolding Design

Framework for Software to Support Science Inquire [J]. The Journal of the Learning Science, 2004 (3): 337 – 386.

[85] Roger A, Allyson F H. Scaffolding Self – regulated Learning and Metacognition – Implications for the Design of Computer – based Scaffolds [J]. Instructional Science, 2005 (33): 367 – 379.

[86] Schnotz W, Vosniadou S, Carretero N. New Perspectives on Conceptual Change [M]. New York: Elsevier Science Ltd. , 1999: 263.

[87] She H C, Liao Y W. Bridging Scientific Reasoning and Conceptual Change through Adaptive Web – based Learning [J]. Journal of Research in Science Teaching, 2010, 47 (1): 99 – 119.

[88] She H C, Lee. SCCR Digital Learning System for Scientific Conceptual Change and Scientific Reasoning [J]. Computers & Education, 2008, 51 (2): 724 – 742.

[89] She H C. Promoting Students' Learning of Air Pressure Concepts: The Interrelationship of Teaching Approaches and Student Learning Characteristics [J]. The Journal of Experimental Education, 2005, 74 (1): 29 – 52.

[90] She H C. Facilitating Changes in Ninth Grade Students' Understanding of Dissolution and Diffusion through DSLM Instruction [J]. Research in Science Education, 2004 (34): 503 – 525.

[91] She H C. Fostering "Radical" Conceptual Change through Dual Situated Learning Model [J]. Journal of Research in Science Teaching, 2004, 41 (2): 142 – 164.

[92] She H C. DSLM Instructional Approach to Conceptual Change Involving Thermal Expansion [J]. Research in Science and Technological Education, 2003, 21 (1): 43 – 54.

[93] She H C. Concepts of Higher Hierarchical Level Required more Dual Situational Learning Events for Conceptual Change: A Study of Students' Conceptual Changes on Air Pressure and Buoyancy [J]. International Journal of Science Education, 2002, 24 (9):

981 – 996.

［94］ Shulman L S. Those Who Understand: Knowledge Growth in Teaching ［J］. Educational Researcher, 1986, 15（2）: 4 – 14.

［95］ Shulman L S. Knowledge and Teaching: Foundations of the New Reform ［J］. Harvard Educational Review, 1987, 57（1）: 1 – 22.

［96］ Sinatra G M, Pintrich P R. The Role of Intentions in Conceptual Change Learning. In: Sinatra G M, Pintrich P R, eds. Intentional Conceptual Change ［M］. Mahwah, NJ: L Erlbaum, 2003: 1 – 25.

［97］ Slotta J D, Linn M C. WISE Science ［M］. New York: Teachers College Press, 2009: 45.

［98］ Spector M, Merrill D, Merrienbore J V, et al. Handbook of Research on Educational Communications and Technology（3rd Edition）［M］. New Jersey: Lawrence Erlbaum Associates, 2008: 313.

［99］ Sternberg R J, Frensch P A. Mechanisms of Transfer. In: Detterman D K, Sternberg R J, eds. Transfer on Trial: Intelligence, Cognition, and Instruction ［M］. Norwood, NJ: Ablex Publishing, 1996.

［100］ Strike K A, Posner G J. A Revisionist Theory of Conceptual Change. In: Duschl R, Hamilton R, eds. Philosophy of Science, Cognitive Science, and Educational Theory and Practice. Albany ［M］. New York: SUNY Press, 1992: 147 – 174.

［101］ Sweller J. Cognitive Load Theory, Learning Difficulty, and Instructional Design ［J］. Learning and Instruction, 1994, 4（4）: 295 – 312.

［102］ Teacher Quality and Educational Leadership Taskforce. A National Framework for Professioal Standards for Teaching ［S］. Carlton South: Ministerial Council on Education, Employment Training and Youth Affairs, 2003.

［103］ Thagard P. Conceptual Revolutions ［M］. Princeton, NJ: Princeton University Press, 1992: 6 – 8.

[104] Towne L, Shavelson R J. Scientific Research in Education [M].
Washington, D. C. : National Academy Press, 2002: 5.

[105] Treagust D F, Duit R. Conceptual Change: a Discussion of Theoret-
ical, Methodological and Practical Challenges for Science Educa-
tion [J]. Cultural Studies of Science Education, 2008, 3 (2):
297 – 328.

[106] Treagust D F. Development and Use of Diagnostic Tests to Evaluate
Students' Misconception in Science [J]. International Journal of
Science Education, 1988, 10 (2): 159 – 169.

[107] Treagust D F. Evaluating Students' Misconception by Means of Di-
agnostic Multiple Choice Items [J]. Research in Science Educa-
tion, 1986, 16: 199 – 207.

[108] Tyson L M, Venville G J, Harrison A L, et al. A Multidimensional
Framework for Interpreting Conceptual Change Events in the Class-
room [J]. Science Education, 1997 (81): 387 – 404.

[109] Vosniadou S. Capturing and Modeling the Process of Conceptual
Change [J]. Learning and Instruction, 1994 (4): 45 – 69.

[110] Vosniadou S. International Handbook of Research on Conceptual
Change [M]. New York/ London: Taylor & Francis, 2008: 5.

[111] Wandersee J H, Mintzes J J, Novak J D. Research on Alternative
Conceptions in Science [J]. Journal of Biological Education, 2001
(3): 177 – 210.

[112] Wiser M, Smith C L. Learning and Teaching about Matter in Grade
K – 8: When Should the Atomic – Molecular Theory be Introduced?
In: Vosniadou S, eds. International Handbook of Research on Con-
ceptual Change [M]. New York/ London: Routledge, 2008:
205 – 239.

[113] Wood D, Bruner J S, Ross G. The Role of Tutoring in Problem Sol-
ving [J]. Journal of Child Psychology and Psychiatry, 1976
(17): 89 – 100.

[114] Zhang Z H, Linn M C. Can Generating Representations Enhance Learning with Dynamic Visualizations [J]. Journal of Research in Science Teaching, 2011, 48 (10): 1177 – 1198.

[115] Zohar A, Aharon K S. Exploring the Effects of Cognitive Conflict and Direct Teaching for Students of Different Academic Levels [J]. Journal of Research in Science Teaching, 2005, 42: 829 – 855.